Die Macht der Künstlichen Intelligenz

oder:

Das Ende ist nahe!

Wie und warum Künstliche Intelligenz
in kürzester Zeit die Menschheit
ausrotten wird! Oder auch nicht...

von

Reginald D. Kenneth

1. Auflage, August 2o24

Autor: Reginald D. Kenneth

Projektleitung und technische Publikation: Stefan Meyer
Illustrationen: Stefan Kleber & Dall-E
Cover: Hermann Zeichen (Design) & Stefan Kleber (Illustration)

ISBN: 9798334918375

INHALT

FÜR...

Laura Freihart

Lisa Ludwar

Sebastian Felsner

Christoph Möller

...und alle anderen,
die am 14. Juli 2024 mit
auf *dem Schiff* waren!

WAS IST DRIN?

O hne Computer geht heute gar nichts mehr! *Wirklich nicht!* Unser zweiter Sohn ist vor knapp zehn Jahren per Kaiserschnitt auf die Welt gebracht worden. An dem Morgen waren wir die ersten Patienten im OP-Trakt des Krankenhauses.

Ich musste zuhören, wie das Personal die Geräte hochgefahren hat. Minutenlang klang der markante *Startup-Sound eines verbreiteten Betriebssystems* durch die Räume.

Und ich habe in dem Moment nicht an Programmabstürze und Computerviren gedacht. *Wirklich nicht!*

Heute macht sich keiner mehr über Macken von IT-Geräten irgendwelche Gedanken, außer vielleicht die Mitarbeiter von Hilfe-Hotlines (*»Haben Sie das Gerät schon neu gestartet?«*).

So gesehen, ist der Computer schon lange dabei, wenn es um die Entscheidung über Leben und Tod geht – und hat durch den einen oder anderen Absturz vielleicht schon ein paar Menschenleben auf dem elektrischen Gewissen.

Aber hat künstliche Intelligenz, die uns im Moment an allen Ecken und Enden zu überflügeln scheint, wirklich das Potenzial, den Menschen zu verdrängen und die Weltherrschaft zu übernehmen?

Ist das beängstigend menschliche Computergehirn wirklich in der Lage zu denken, sinnvolle Entscheidungen zu fällen und sogar kreativer als ein echter Mensch zu sein? Einschließlich der Entscheidung, den Menschen von der Bildfläche dieser Welt verschwinden zu lassen?

Was Softwarekonzerne heute auf spektakulären Events mit Millionen von Zuschauern vorführen, jagt vielen biologischen Zuschauern einen Schrecken ein, während die Roboter vor den Fernsehern mit ihren mechanischen Händen applaudieren.

Oder – und das ist auch nicht besser – wir schieben die künstliche Intelligenz in die Kiste mit anderen, scheinbar sensationellen Show-Effekten und unterschätzen völlig, was geniale Wissenschaftler und Programmierer mittlerweile aus Hochleistungscomputern herauskitzeln können.

Mit viel Humor und einer großen Portion Weitblick in die Geschichte und in andere Bereiche von Wissenschaft und Alltag führt der Autor den Leser durch ein Spiegelkabinett aus Argumenten und historischen wie aktuellen Beispielen und Situationen, in denen Mensch und Maschine um die endgültige Überlegenheit ringen.

Manchmal macht es den Eindruck, dass der Mensch gegenüber dem Computer jämmerlich versagt, manchmal sieht es so aus, als wenn die Maschine niemals den Menschen überflügeln oder in Gestalt bösartiger Cyborgs mit Lasergewehren unterjochen wird. *Wie das Spiel endet, wissen wir nicht.*

Aber wenn Sie dieses Buch gelesen haben, dann werden Sie beide Seiten im Kampf Biologie gegen Technik und Potenziale wie Risiken dieses Konflikts besser verstehen.

Dieses Buch handelt unter anderem von einer Maschine, die gar keine Maschine ist, von der mathematischen Schönheit eines Blumenkohl, vom Tricksen eines Nobelpreisträgers in seiner Abschlussprüfung und davon, dass es nicht so bald Roboter geben wird, die Spiegeleier braten können.

Und es geht auch ein wenig um Boote...

TECHNOLOGISCHE PUBERTÄT

*»Akademiker, Industrielle und Journalisten
beschäftigt die Möglichkeit, dass der Computer
irgendwie beweisen wird, "das Gehirn sei lediglich
eine Maschine aus Fleisch".« Alptraum Computer
(Die Zeit Nr. o3/1972)*

Ich mag künstliche Intelligenz! Aber für dieses Buch habe ich mir fest vorgenommen, das gesamte Spektrum dieser (mehr oder weniger) neuen Technologie so kritisch wie möglich zu betrachten. Sehen Sie es mir nach, wenn mir das vielleicht nicht durchgehend gelingt.

Immer offen für alles und immer neugierig – das ist die kürzeste Kurzfassung meiner Lebenseinstellung.

Vielleicht liegt es am Alter (*"Früher war alles besser!"*) oder tatsächlich an den unglaublichen Fähigkeiten künstlicher Intelligenz, aber in den letzten Jahren und seit ich mich mit KI beschäftige, gibt es immer wieder Momente, in denen ich erschreckt bin (und zwar im ganz negativen Sinn) über die Möglichkeiten, Fähigkeiten und Eigenschaften dieser elektronischen Denk-Modelle.

"Mach einen Cyborg niemals größer als den Chef der Firma!" So lautete der Kommentar eines Zuschauers unter einem Video von der Keynote des Unternehmens *Nvidia* Anfang 2024.

Jensen Huang, Chef des Mikrochip-Herstellers, der sich selbst mittlerweile als *"weltweit führender Anbieter von KI-Computing"* bezeichnet, hält im März eine Rede über die eigenen Entwicklungs-Neuigkeiten. Der Mann ist lässig gekleidet in Turnschuhen, Lederjacke und T-Shirt. Als er auf die Bühne kommt, stehen im Hintergrund neun humanoide Roboter unterschiedlicher Bauart und starren leblos dem Publikum und den Kameras entgegen.

Neun verschiedene Cyborgs! Alle nicht so cool und hochpoliert wie *"C-3PO"* aus dem Film-Epos *"Star Wars"* oder mein persönlicher Favorit: Der böse, schwebende Roboter *"Maximilian"* aus dem Disney-Klassiker *"Das schwarze Loch"* von 1979, der aussah, als wäre seine Außenhaut aus rotem Kunstleder bestehen.

Noch schlimmer: Die schaurige Bühnendekoration von Nvidia war gar nicht echt!

Zuerst hatte ich die Aufzeichnung der Präsentation in einer Nachrichtensendung im Fernsehen aus den Augenwinkeln heraus gesehen und nicht bemerkt, dass hinter Huang eine riesige Leinwand installiert war, die nur eine *Projektion* dieser menschenähnlichen Maschinen zeigte.

Alles nur Show! Erschreckt hatte mich die Szene trotzdem. Der Grund dafür klingt auf den ersten Blick wenig spektakulär: Ich hatte die künstlichen Mensch-Maschinen für *echt* gehalten und gedacht, das Unternehmen will zeigen, was in den nächsten Jahren aus den eigenen Laboren und Fabriken marschieren (und über uns herfallen) wird.

Die Untiefen meines Gehirns scheinen sich darauf vorzubereiten, dass dieser Moment nicht mehr in weiter Ferne liegt.

Es war bei weitem nicht der intensivste Moment der Erkenntnis (oder falschen Erkenntnis) über den Stand der Technik und ihre Möglichkeiten, trotzdem schleppe ich die Erinnerung an die bewegungslosen Cyborgs weiter mit mir herum.

Und das nur, weil ich die Roboter einen winzigen Moment für real gehalten hatte.

Der Unterschied zwischen Science-Fiction mit all seinen intelligenten Blechbüchsen und der Wirklichkeit ist mir durchaus bewusst (obwohl ich glänzende wie düstere Zukunfts- und Raumfahrtgeschichten liebe) – wir werden in einem Kapitel weiter unten noch über das Zusammentreffen von Märchen und Wirklichkeit sprechen.

Diese Erfahrung hat mich etwas gelehrt, was im Moment sicherlich ganz viele Menschen mit sich herumtragen: Die Ahnung – und das schreibe ich ganz bewusst so – von einer Welt, die sich mit und durch die Erfindung von künstlicher Intelligenz stark verändern wird!

Phantastische Vorstellungen von der Zukunft – wie menschliche Roboter und Maschinen mit echten Empfindungen – rücken in wirklich greifbare Nähe und werden sogar für rationale und eher kritische Menschen (wie ich einer bin) tatsächlich vorstellbar.

Dass so ein Gerät, wie Nvidia es vorgeführt hat, in ein paar Jahren meinen Akku-Staubsauger und den Wischroboter ersetzen wird und leise durchs Haus schleicht, möchte ich bezweifeln. Aber denkbar ist es in dem Moment geworden, als ich die Bilder von der Pressekonferenz gesehen habe.

Ist es gut oder schlecht, dass Maschinen mit außergewöhnlichen Fähigkeiten bereits in unserer Phantasie und teilweise auch in Wirklichkeit existieren?

Künstliche Intelligenz und all ihre Möglichkeiten hat die Menschheit in eine Art kollektive Pubertät versetzt. Die Menschheit verändert sich (wie ein Teenager).

Manche sagen: "Wir werden von der Technik überholt, die wir selbst geschaffen haben." Andere behaupten: "Die Technik wird bald eigene Intelligenz erschaffen, die uns in Grund und Boden stampfen wird."

Eine heiße Suppe von Gefühlen, Meinungen, guten und schlechten Ahnungen, was mit KI alles machbar sein wird, bekommen wir an allen Ecken serviert.

Die Medien feuern die Debatte an: Vom ganz netten Szenarien wie *"wir verlieren alle unsere Jobs"* (dann haben wir mehr Freizeit) bis hin zu düsteren Prognosen wie *"die KI wird die Menschheit ausrotten, weil sie schädlich für die Welt ist und sich ohnehin selbst vernichten wird"* ist so ziemlich alles dabei, was in großen Lettern auf die Titelseite passt.

Jedes dieser (meistens wenig realistischen) Zukunftsbilder bedeutet noch eine Menge Veränderung. Und wie die meisten von uns mit Veränderung umgehen? *Naja...*

Ich könnte an dieser Stelle von einem Nachbarn berichten, der durchdreht, wenn ich den Zaun zwischen meinem und seinem Rasen streiche und dabei eine andere Farbe als vorher verwende – und ich meine keinen Wechsel von grün auf knallrot, sondern eher von moosgrün-lich auf etwas heller moosgrün-artig. Aber auch das reicht manchmal für einen mittelschweren Nervenzusammenbruch und den Abschluss einer hochgradig teuren Rechtsschutz-Versicherung.

Die projizierten humanoiden Roboter auf der Bühne hinter dem Firmenchef waren wenig realistisch und nicht wirklich (was ich ja peinlicherweise gedacht hatte). Aber: Vor Monaten stand ich plötzlich im Möbelhaus einem wesentlich einfacheren Cyborg gegenüber, der mir seine Hilfe anbot.

"Ich kann auch ein Lied spielen", bot das Gerät schließlich als Text auf dem Display an, nachdem ich viele Sekunden lang keine Ahnung hatte, inwieweit mir ein Roboter in einem Möbelgeschäft helfen sollte.

In Krankenhäusern werden diese aufgebohrten Rasenmäher-Roboter scherzhaft als *"Servier-Tonnen"* bezeichnet.

Beim Blick ins Innere wären wir vermutlich erschreckt, wie simpel diese Geräte immer noch konstruiert sind und sich entsprechend verhalten. Immerhin können sie Musik machen, wenn sie auf ratlose menschliche Wesen treffen.

Aber ein rollender Info-Kiosk oder sein Bruder, der schweigend und fleißig Runden auf dem Rasen dreht, sind nicht intelligent und sie sind auch nicht wirklich die Zukunft.

Die findet gerade ganz woanders statt! Also jedenfalls nicht im Möbelhaus und auch nicht auf unserem Rasen. Und wir werden es nicht verhindern, dass künstliche Intelligenz unsere Welt im Sturm erobern und stark verändern wird.

Wer glaubt, das stoppen zu können, der irrt sich. Genauso wie diejenigen sich irren, die glauben (wissen), dass künstliche Intelligenz gar nicht so bedrohlich ist, wie wir es gerade überall gezeigt bekommen.

Natürlich will ich mit diesen Sätzen spoilern, denn Sie sollen ja dieses Buch mit einem schönen Schauer genießen und von vorne bis hinten durchlesen! Dennoch bin ich überzeugt davon, dass KI unser Leben ordentlich über den Haufen werfen wird.

Aber KI macht das natürlich nicht alleine und ganz von selbst.

Wir sind es, die diese Technik entwickelt und mit ziemlicher Sicherheit weiterhin die Kontrolle darüber haben werden – auch das hat seine Grenzen, aber darüber werden Sie mehr am Ende dieses Buchs erfahren. Und Sie werden auch lesen, wie wir dafür sorgen können, dass *ChefBot 3.0* nicht irgendwann entscheidet, die jämmerliche Menschheit von der Welt zu tilgen.

Wir, die fehlbaren Wesen aus Fleisch und Blut, mit einer kleinen guten Seele im Kopf und ganz viel Gefühl im Herzen, müssen uns ändern. Wir müssen künstliche Intelligenzen besser verstehen, ihre Chancen nutzen und Risiken vermeiden oder zumindest eingrenzen, damit das ganze nicht aus dem Ruder läuft.

Am wichtigsten: Wir müssen uns verändern, weil bestimmte Entwicklungen einfach passieren werden!

Nicht unbedingt, weil wahnsinnige Forscher trotz allgemeiner Warnungen auf den roten Knopf drücken, sondern weil künstliche Intelligenz dem Menschen an ganz vielen Stellen helfen und unsere Welt besser machen kann.

Das funktioniert aber nur, wenn Sie Veränderungen als etwas Gutes sehen! Wenn das nicht der Fall ist, dann sollten Sie den Kassenzettel für dieses Buch suchen oder den Rücksendeschein der Bestellung ausdrucken. Denn in diesem Buch werden Sie sehr viel über sehr radikale Veränderungen lesen.

Aber halt: Ich sage damit nicht, wir sollten die rosa Brille aufsetzen, ein paar legale Rauschmittel einwerfen und ein paar abgehobene Forscher irgendwas ziemlich riskantes machen lassen, das schnellstens zum Weltuntergang führen könnte.

Wir müssen uns bewusst werden über die Chancen und die Risiken von künstlicher Intelligenz. Und vor allem müssen wir uns bewusst mit Ideen, Experimenten und bereits existierenden Verhaltensweisen von künstlicher Intelligenz auseinandersetzen, um diese Entwicklungen in die richtige Richtung zu lenken.

"Alles akzeptieren und weiter", wie es heute am Anfang jeder Webseite im Internet zu lesen ist, kann nicht die richtige Lösung sein.

Einfaches Beispiel: *ChatGPT und Kollegen* erstellen in wenigen Minuten das Schulreferat über Heinrich VIII. und seine Frauen. Stichpunkte für den Vortrag, Präsentationsfolien für das Publikum und die ausführlich ausgearbeitete Textfassung für den Lehrer.

Hausarbeiten, Aufsätze und Vorträge haben sich als Beschäftigung für Jugendliche in der Schule und während der Ausbildungszeit *JETZT*

SCHON durch die Existenz künstlicher Intelligenz erledigt (obwohl viele Lehrer das nicht wahrhaben und auch nicht akzeptieren wollen).

Der englische König war übrigens ein Dickschädel: Er wollte entgegen dem starken Einfluss des Papstes in Rom mit mehr als einer Ehefrau verheiratet sein. Heinrich war radikal, aber für damalige Zeiten auch ziemlich modern: Um seinen Willen durchzusetzen, hat er einfach seine eigene Kirche gegründet (so ähnlich wie Martin Luther es auf dem europäischen Festland getan hatte).

Einem ganzen Staat eine neue Religion per königlichem Befehl verordnen? Damals haben sicher ganz viele schlaue Köpfe verständnislos und pessimistisch mit dem Kopf geschüttelt und dieses Vorhaben für wahnsinnig sinnlos gehalten.

Trotzdem hat die englische Kirche bis heute überlebt!

Wir sind in diesem Moment in der gleichen Situation: Künstliche Intelligenz wird nicht verboten und sie wird nicht von der Bildfläche verschwinden, auch wenn viele Menschen skeptisch und ängstlich mit dem Kopf schütteln.

KI ist da und sie wird bleiben. Und sie wird ein immer wichtigerer Teil unseres Lebens werden. Besser: Sie gewöhnen sich so schnell wie möglich daran!

> *Reginald D. Kenneth*
Enschede, August 2024

WIE SCHLAU!?

"Der Begriff ist schwierig zu definieren, da es bereits an einer genauen Definition von Intelligenz mangelt."
Quelle: Wikipedia Artikel über Künstliche Intelligenz

Auf einer Party (es waren ein paar Programmierer anwesend), plauderten wir darüber, woran gute künstliche Intelligenz oder sogar richtig gute künstliche Intelligenz zu erkennen sei.

Der Vorschlag von einem der Gäste (ebenfalls ein Programmierer) klang plausibel:»Wenn ich einer KI sage, dass ich gerne lesen möchte, weiß diese dann, dass ich dafür das Licht einschalten muss, wenn es dunkel im Raum ist?«

Natürlich kamen sofort Einwände der elektrifizierten Leser (mit Büchern auf Smartphone, Tablet und dem E-Book-Reader), bei denen das virtuelle Papier von hinten beleuchtet ist und die Leselampe eher ein Relikt aus einer Vergangenheit ist, als wir beim Lesen von gemeißelten Steinplatten noch darauf achten mussten, nicht von einem Dinosaurier zertrampelt zu werden.

Aus Höflichkeit und weil ich die Unterhaltung nicht unterbrechen wollte, ließ ich mein Smartphone stecken (ich gönne mir die monatlichen Kosten für ein *ChatGPT-Abo* und hätte die Reaktion einer KI gleich ausprobieren können).

Spät in der Nacht trieb die Frage immer noch in meinem Kopf herum und ich tippte schließlich *"Was muss ich tun, wenn ich ein Buch lesen will?"* ins Eingabefenster des Chatbots ein.

Obwohl ich mittlerweile sehr viel Erfahrung in der Kommunikation mit künstlichen Intelligenzen habe, war ich mir vorher nicht sicher, wie der Bot konkret auf diese Frage antworten würde. Das lag auch daran, dass ich solche Fragen einer KI eigentlich nicht stelle.

Ehrlich gesagt, hätte ich nicht darauf gewettet, welche Aspekte des Lesens eine KI im Blick beziehungsweise im elektronischen Gedächtnis abgespeichert hat.

Die Antwort von ChatGPT 4o kam Zeile für Zeile zum Vorschauen und brachte mich zum Lächeln.

> Wenn du ein Buch lesen möchtest, kannst du diese Schritte befolgen:

- ◆ Buch auswählen: Entscheide, welches Buch du lesen möchtest. Berücksichtige dein Interesse, den Autor und das Genre.
- ◆ Buch besorgen: Kaufe das Buch in einem Buchladen, bestelle es online oder leihe es in einer Bibliothek aus.
- ◆ Lesebereich einrichten: Finde einen bequemen und ruhigen Ort zum Lesen, wo du nicht gestört wirst.

- ◆ Genügend Zeit einplanen: Plane feste Zeiten ein, in denen du ungestört lesen kannst.
- ◆ Lesen und genießen: Beginne mit dem Lesen des Buches, tauche in die Geschichte ein und genieße die Erfahrung.

> Wenn du ein E-Book lesen möchtest, kannst du zusätzlich:
- ◆ Ein Lesegerät oder eine Buch-App auf deinem Smartphone oder Tablet verwenden.
- ◆ Das E-Book zuerst aus einer Online-Bibliothek oder einem E-Book-Store herunterladen.
- ◆ Gibt es ein spezielles Buch oder Genre, das dich interessiert?

Test bestanden, oder? Der Teil der Antwort mit dem Titel *"Lesebereich einrichten"* (dritter Spiegelstrich von oben) hätte genauso die Erwähnung einer kräftigen Lampe enthalten können.

Auch eine Rückfrage wie *"Kannst Du nicht lesen?"* oder *"Um ein Buch zu lesen, solltest Du zunächst Lesen lernen!"* hätten mich in der Antwort des Bots nicht überrascht.

Die Antwort von ChatGPT spielt aber keine so große Rolle.

Viel interessanter waren die Überlegungen der Party-Gäste, mit welchen Fragen wir herausfinden können, ob und wann eine KI oder eine andere Maschine schlau ist oder nicht.

Vielleicht hätte ich den Realitäts-Check sofort vor Ort machen sollen.

Nachdem ich das Smartphone ausgeschaltet hatte, blieb ich allein mit der Frage, ob der ChatBot nun wirklich künstlich intelligent oder sogar richtig intelligent ist, weil er die Frage erwartungsgemäß beantwortet hatte. Ist es wirklich so einfach?

Ich will für den Anfang mit einem anderen Beispiel fortfahren, bei dem eine (mit ziemlicher Sicherheit KI-freie) Maschine auf eine ungewöhnliche Art die Initiative ergreift und scheinbar tief in die Seele ihres Benutzers schaut.

Seit etwa 15 Jahren fordert mein Auto mich gelegentlich während der Fahrt auf, eine Pause einzulegen. Neben dem Text ist eine hübsch animierte Kaffeetasse abgebildet. Die Meldung kommt immer unerwartet und spontan. Bisher ist es mir nicht gelungen, ein System oder die Regeln dieses Hinweises zu durchschauen.

Der Wagen ist kein chinesisch-elektrisches High-Tech-Fahrzeug mit Innenraumüberwachung, Sensoren im Lenkrad und automatischer Blutprobe für den Fahrer, sondern ein nicht mehr ganz junger, deutscher Verbrenner – immerhin mit einem farbigen, digitalen Display zwischen den vorderen Passagieren (meine Frau sieht damit ebenfalls, dass der Wagen mir eine Pause nahelegt und damit weiser wirkt, als der Fahrer hinter dem Lenkrad).

Wenn wir unterwegs sind, macht es auf einmal *"Pling!"* und das Display verdunkelt sich, um die Kaffeetasse zu zeigen. Der Text daneben hat einen eigenartigen Tonfall: Mein Fahrverhalten würde anzeigen, dass ich nicht mehr ganz bei der Sache bin und mein Auto würde mir gerne Tipps geben, wie und wo ich mich ein wenig ausruhen kann, um wieder eine passable Leistung hinter dem Steuer bringen zu können.

Ich bin ein Mann *UND* der beste Autofahrer der Welt!

Die prominent in der Mitte des Fahrzeugs angebrachte Anzeige des Fahrzeugs ist in diesem Moment ganz klar ein Nachteil, wenn nicht sogar mein ganz persönliches Problem: Ich hätte es selbst besser wissen müssen, dass ich müde bin, oder? Meine Frau schaut in diesen Momenten immer kritisch zu mir herüber und die Kinder skandieren von hinten begeistert den Namen einer bekannten Fastfood-Kette in der Hoffnung auf Pommes und Cola.

Von Anfang an und seit Jahren drücke die Meldung weg! Vielleicht sollte ich mir die Mühe machen und die Anleitung des Fahrzeugs lesen, um diesen Vorschlag ein für allemal zu deaktivieren.

Ich habe wegen der Meldung noch nie eine Pause eingelegt (nicht zum Schlafen und nicht für Kaffee). Nachdem ich auf *"Meldung schließen"* geklickt habe, klebe ich den Zacken wieder in die Krone und verfalle in übellauniges Grübeln: *Woher weiß das Auto, dass ich nicht mehr auf der Höhe meiner automobilen Leistungsfähigkeit bin?*

"Pausenempfehlung" ist der offizielle Begriff des Herstellers für dieses Feature, das zahlreiche Marken anbieten, aber gleichzeitig nicht besonders stolz auf diese herausragende Leistung der Technik sind, weil sie allesamt nicht erklären, wie das Auto zu dieser Prognose fähig ist.

Könnten Sie beurteilen, ob und wann ein Fahrer hinter dem Steuer müde oder wach ist, wenn Sie sich eine Videoaufzeichnung von einer Person hinter dem Steuer ansehen, der von Stralsund nach Salzburg rast, ohne eine Pause einzulegen?

Dabei sind Autos schon länger intelligent: *"Ein Käfer gibt Vollgas"* ist der Titel eines Kinofilms vom Anfang der 70er Jahre, in dem ein gelber Volkswagen Käfer die Hauptrolle spielt, der von den Darstellern liebevoll *"Dudu"* (Suaheli für *"Insekt"* oder *"Käfer"*) genannt wird.

Es entstand eine ganze Reihe von Filmen mit dem Auto, das vollgepackt mit verrückten Funktionen ist (unter anderem kann es schwimmen und fliegen) und das immer wieder menschliche Verhaltensweisen an den Tag legt.

Ein in den 80er Jahren verbreiteter Aufkleber hat die Menschlichkeit des Automobils etwas rustikaler beschrieben (verzeihen Sie mir bitte, dass ich derart ungehobelt zitiere): *"Mein Auto ist wie ich: Säuft, raucht und manchmal bumst es!"*

Sollten Sie die 70er Jahre nicht oder nicht bewusst erlebt haben, ersetzen Sie den Käfer bitte gegen einen Roboter namens *"Bumblebee"* (übersetzt: *"Hummel"*) aus der Filmreihe *"Transformers"*.

Der potente Kampf-Roboter mit eingebauter Beschützer-Funktion
kann sich in einen schicken gelben *Chevrolet Camaro* verwandeln und
entspricht in Funktionen und Intelligenz in etwa seinem historischen
Volkswagen-Vorbild – bis auf die für einen Actionfilm erforderlichen
Waffensysteme, die dem braven Käfer wegen der viel niedrigeren FSK-
Einstufung fehlen.

Das ist alles Fiktion!

Aber wie kommt mein Auto darauf, zu wissen, wann und ob ich eine
Pause brauche? Der Wagen wurde gebaut, als es noch gar keine richtige
künstliche Intelligenz gab (die Ausnahme-Autos Dudu und Bumblebee
ausgeschlossen).

Eigentlich ist es ganz egal, was tief in der Elektronik des Wagens vor
sich geht.

Wir Menschen sind das Problem, denn wir machen uns jede Menge
Gedanken darüber, was in dem Fahrzeug und seiner Elektronik bis zum
Anzeigen der Meldung abläuft. Schlimmer noch: Wir haben eine starke
Tendenz dazu, Maschinen für intelligent zu halten.

Das Industriezeitalter scheint uns eine Ehrfurcht gelehrt zu haben, die
wir nie vergessen haben.

Bei Zauberern ist das anders. Wenn das Licht ausgeht und der Vor-
hang sich hebt, *wissen* wir, dass es sich um einen Trick handelt. Auch
wenn wir nicht erklären können, warum Jungfrauen auf der Bühne fliegen oder warum die *Ehrlich-Brothers* sich in vier oder mehr Teile zersä-
gen können.

Manche Menschen wollen auch gar nicht wissen, was sich hinter einer
Illusion verbirgt.

Wenn man es weiß, dann ist die Faszination weg. So halten wir geistig
Abstand und genießen. Und die Magier setzen gerne eins drauf, indem
sie einen traditionellen Trick benutzen (durch Wände gehen oder Menschen in der Mitte zerteilen) und diesen ein wenig abwandeln, dass wir
am Schluss doch noch denken: *Wie hat er das gemacht?!*

Bei Maschinen wollen wir glauben, dass sie intelligent sind.

Diese These werde ich im Laufe des Buchs wiederholen, weil sie ein
wichtiges Argument ist, warum wir in Angst und Sorge vor der bösarti-
gen und scheinbar intelligenten Technik leben.

Ein VW-Käfer ist in Wirklichkeit ein recht solides Stück Metall im Vergleich zu heutigen Autos und Steinzeit gemessen an einem modernen Computer. Aber so eine einfache mechanische Maschine (also die nichtintelligente Version aus dem Film), wirkt dem Menschen überlegen: Sie bewegt sich schneller durch die Welt (130 Kilometer pro Stunde nach 25 Sekunden Beschleunigung aus dem Stand heraus), ist kräftiger (mit der Kraft von 45 Pferden) und: Ein Auto kann Zigaretten anzünden...

Wieder ein Zeitsprung und der Vergleich mit Menschen im Film: *Laurel und Hardy* (in Deutschland auch bekannt als *"Dick & Doof"*) schossen beim Zelten Flammen aus den Fingern – aber das war eben nur lustige Fiktion aus einem Schwarzweißfilm.

Wie kommt mein Auto darauf, zu wissen, dass ich eine Pause brauche?

Recherchen im Internet zeigen vor allem eins: Die Gerüchteküche um die sogenannte Pausenempfehlung brodelt. In Foren gibt es seitenweise Vermutungen darüber, mit welchen Formeln und Faktoren das Fahrzeug den Fahrer analysiert, um schließlich zu dem Schluss zu kommen: *Kaffee wäre jetzt eine gute Sache.*

Kaum jemand kommt auf eine ganz andere Idee: Wäre das Auto wirklich so schlau, so etwas über den Fahrer zu wissen, warum kann die Autoindustrie dann nicht mehr Unfälle verhindern? Mein Wagen zeigt mir tatsächlich eine Kaffeetasse und vergeudet damit wertvolles KI-Potenzial, Menschenleben zu retten?

Die Hersteller dieser Maschinen geben sich verschlossen und verraten nicht viel darüber, wie der Wagen mich daran hindern will, mit ihm zu fahren. Vermutlich aus gutem Grund, denn die Rechenleistung und die eingebaute Sensorik können nicht viele Dinge analysieren, die etwas über Konzentration und Aufmerksamkeit der Insassen verraten.

Trotzdem gibt es leicht messbare Anzeichen: Müde Fahrer tendieren dazu, langsamer zu fahren. Sie lenken weniger und reagieren mit heftigen Lenkbewegungen, wenn sie sich erschrecken (was sie öfter tun, wenn sie unaufmerksam sind).

Moderne Fahrzeuge haben Kameras im Innenraum, die den Fahrer beobachten. Klingt unangenehm, aber das muss sein, wenn die Wagen in Zukunft völlig autonom fahren werden.

Um zu beweisen, wer einen Unfall verursacht hat (*"Das Auto war's!"*) werden diese Aufnahmen sogar wie bei einem Flugschreiber gespeichert, um später vor Gericht beweisen zu können, wer den Fehler gemacht hat und für den Unfall verantwortlich ist.

So eine Kamera könnte natürlich mit einer KI verbunden werden, um damit Aussagen über den Zustand des Fahrers treffen. Trotzdem wäre es sicher sinnvoller, diese Entwicklungskosten auf die Fahrbahn nach vorne zu richten, um damit Menschenleben zu retten.

Sekundenschlaf ist jedoch eine statistische Größe bei schweren Unfällen. Vor allem Berufsfahrer mit langen Lenkzeiten sind davon betroffen.

Eine recht einfache und günstige Lösung ist es zu beobachten, wie oft und wie lange der Fahrer blinzelt – ein ziemlich sicheres Maß dafür, wie ausgeschlafen oder müde jemand ist.

Aber bei meinem Wagen gibt es in der Anzeige hinter dem Lenkrad keine verborgene Kamera. Es gibt keine Sensoren im Lenkrad, keine im Sitz, keine im Schalthebel.

Und jetzt wird es wichtig: Ich bin vielleicht gerade deswegen immer wieder ziemlich beeindruckt von der Meldung (bis auf den kritischen

Seitenblick meiner Frau ist das die einzige Auswirkung der Anzeige). In der Bedienungsanleitung ist nichts über die Funktionsweise zu lesen und auch online äußert der Hersteller sich nicht, wie er zu diesem Schluss kommt. Auch die Autonarren in den Foren können sich die Funktion nicht richtig erklären.

Andere Autobauer kommunizieren noch entschlossener: *"Müdigkeit erkannt. Bitte Pause."* knallt ein Wagen dem Fahrer als Meldung zwischen Tempo- und Drehzahlmesser hin. Ich wäre neugierig, wie viele Menschen auf diese Maschine mit ihrem Befehlston hören.

Das Phänomen schlauer Maschinen ist ganz und gar nicht neu: Im Jahr 1769 präsentiert *Wolfgang von Kempelen*, ein ungarischer Mechaniker, Erfinder, Architekt und Staatsbeamter, der begeisterten wie verstörten Öffentlichkeit den sogenannten *"Türken"*.

Das Gerät war so groß wie Waschmaschine und Trockner zusammen und spielte Schach (spannend nachzulesen im Buch von *Tom Standage*: *"Der Türke: Die Geschichte des ersten Schachautomaten und seiner abenteuerlichen Reise um die Welt"*).

Es war die Zeit, in der mechanische Tiere und Menschen boomten: Filigrane Uhrwerke bewegten wundervoll gearbeitete Mechanismen und schienen das Zeitalter des mechanischen Menschen zum ersten Mal einzuläuten. Aber das meiste davon wurde von einem begeisterten Publikum als Spielzeug angesehen, das weder intelligent noch in anderer Form lebendig war.

Ein schönes Beispiel für die Euphorie, die mechanisches Spielzeug vermutlich ausgelöst hatte, ist im Filmklassiker *"Der Dieb von Bagdad"* zu sehen: Der Sultan erhält als Geschenk vom Bösewicht eine mechanische, silberne Tänzerin, die den Herrscher erdolcht. Die klassische Mischung aus Faszination und Bedrohung durch Cyborgs, bereits eindrucksvoll verfilmt in den 40er Jahren des letzten Jahrhunderts.

Der Schach-Türke war anders: Er war real und er tat etwas, das als zutiefst menschlich empfunden wurde. Schach ist so viel mehr, als das Klappern mit einem Schnabel oder das Drehen von Murmel-Augen in einem hundeähnlichen Blechschädel.

Schnell kursierte bei den Vorführungen das Gerücht, ein kleinwüchsiger Mensch würde unter der kuriosen Figur in der Kiste aus Holz stecken und die Züge machen.

Das Geheimnis, wie die Züge gemacht wurden und vor allem, wer in der Maschine steckte, wurde übrigens nie vollständig aufgeklärt.

So umgibt den ersten Schach-Roboter bis heute eine geheimnisvolle Aura, weil die endgültige Erklärung, wie die Maschine funktioniert und ihre genialen Züge macht, niemals offenbart wurde.

Moderne Magier haben vermutlich von dem Schachautomaten gelernt, denn die angebliche Maschine hatte sprichwörtlich ein As im Ärmel, so- dass Zuschauer immer wieder daran zweifelten, dass sich ein Mensch in der Maschine verbarg: Der Schachtürke gewann nämlich auch gegen sehr gute menschliche Schachspieler.

So wurde die Legende immer wieder auf den Kopf gestellt: Wenn es bes- ser ist, als die meisten Menschen und ihre Fähigkeiten, dann muss es eine Maschine sein?

Unser Gehirn ist manchmal ein trügerischer Apparat (entschuldigen Sie die kleine Stichelei), aber wir neigen dazu, offensichtlich leblosen

Dingen eine gewisse Intelligenz oder mindestens ein paar unmögliche Fähigkeiten zuzuschreiben, wenn wir nicht wissen oder verstehen, was im Innern vor sich geht.

Als mein Sohn zwei Jahre alt war, hatte er einen Stofftier Freund, den er *"Eisbärli"* nannte und mit dem er sich vortrefflich unterhalten konnte.

Nicht wenige Menschen geben ihren Navigationsgeräten einen Namen. Die Versicherung *Europ Assistance* fragte 2007 im Rahmen einer Zufriedenheitsstudie ihre Kunden auch nach dem *"Navi"* im Auto. *Achtung:* Das war lange bevor sich solche Geräte mit dem Kommando *"Hey..."* aktivieren ließen.

Lisa, Susi, Uschi, Werner, Else... Was wie die Namensliste von Tanten und Onkeln klingt, waren die beliebtesten Bezeichnungen für diese Geräte. Leider wurde nicht angegeben, wie viele Navi-Nutzer ihre Geräte auf diese Weise vermenschlichten.

Heute gibt es Menschen, die mit ihren Autos gut befreundet sind, die ihre digitalen Geräte heiraten wollen, die sich in ihre Küchenmaschinen verlieben, die behaupten, sie hätten mit *"Toys"* besseren Sex als mit lebendigen Zeitgenossen – außerdem wären alle diese *"Devices"* ohnehin die besseren Zuhörer.

Von der Kaffeepause bis zur hormonellen Befriedigung schweigen die Hersteller, wie sie es schaffen, Dingen einen gewissen Grad an Menschlichkeit einzuhauchen. Vielleicht, weil sie das gar nicht absichtlich tun oder vielleicht weil sie es selbst auch nicht wissen, warum wir Dinge zu Freunden erklären, die einen Stecker haben, der gezogen werden kann.

Und in vielen dieser Fälle sind wir noch gar nicht im Zeitalter künstlicher Intelligenz angekommen.

Trotzdem bin ich immer wieder fasziniert, wenn die Kaffeetasse auf dem Bildschirm im digitalen Zentrum meines Wagens erscheint und in dem Moment halte ich mein Auto (obwohl ich es *wirklich* besser weiß) für ein ganz klein wenig intelligent.

WÜTENDE GÖTTER

»Erst gestalten wir unsere Werkzeuge, dann
gestalten sie uns.« John M. Culkin (amerikanischer
Autor und Medienwissenschaftler)

Ich will mich nicht zu lange mit der psychologischen Begründung dafür aufhalten, warum wir für manche Phänomene (Autos die uns *irgendwie* beobachten können und Pausen vorschlagen) teilweise absurde Erklärungen haben.

Das Phänomen ist uralt und reicht bis weit vor die Zeit von Maschinen zurück: Unsere Vorfahren wussten nicht, wie die Blitze bei Gewittern entstehen und dass diese auf die elektrisierende Reibung von Luftschichten zurückzuführen sind.

Wobei durch die Industrialisierung und Aufklärung ein Wandel eingesetzt hat: Bevor der Mensch die Welt mit Forschung und Wissenschaft weitgehend durchdrungen hat (von Goethe beschrieben als des *"Pudels Kern"* in Faust), galten unerklärliche Dinge wie Blitz und Donner im Gewitter als übersinnlich oder göttlich.

Wenn unsere Vorfahren sich wegen des schlechten Wetters in einer Höhle versteckten, dann stellten sie sich vor, wie die Götter ihre glühenden Speere auf die Erde schleuderten.

Die Menschheit ist weitgehend aufgeklärt (bis auf die mit den Navi-Namen) und die Wissenschaft hat jeden Stein sorgfältig gedreht.

Aber das Phänomen ist nicht verschwunden: Der Spruch *"Wer als Werkzeug nur einen Hammer hat, sieht in jedem Problem einen Nagel"* wird unter anderem dem amerikanischen Autor Marc Twain und dem Philosophen Paul Watzlawick zugeschrieben.

Tatsächlich scheint die Analogie von dem berühmten amerikanischen Psychologen *Abraham Harold Maslow* zu stammen, der das *"Law of the*

Instrument" Anfang der 60er Jahre etwas anders formulierte: *"Ich glaube, es ist verlockend, wenn das einzige Werkzeug, das man hat, ein Hammer ist, alles zu behandeln, als ob es ein Nagel wäre."*

Was wir nicht verstehen, das erklären wir mit dem, was wir kennen.
Hammer, Nagel und Speere aus Licht und Feuer sind nur vereinfachte
Platzhalter für ein sehr weit verbreitetes Phänomen.

Diese gedanklichen Knicke im Gehirn klingen heute amüsant, waren
aber durchaus gefährlich: Unwissenheit und die schiere Angst vor frem-
den und unbekannten Vorgängen waren Auslöser für einige historische
Krisen und Katastrophen.

Die Hexenverfolgung, die vor allem zwischen 1550 und 1650 im mittel-
alterlichen Europa wütete, ist nur ein Beispiel dafür, dass *"fremdartig"*
von Menschen nicht unbedingt erwünscht ist.

Vorbei und verschwunden ist sogar dieser Aberglaube noch lange nicht – auch wenn die meisten Menschen unsere Welt für aufgeklärt halten: In Lateinamerika, Südostasien und in Afrika gibt es die Jagd auf Hexen immer noch.

Manche Forscher behaupten, dass seit den 1960er Jahren auf der Welt mehr Menschen wegen Hexerei hingerichtet und umgebracht wurden als während der gesamten historischen Periode im Mittelalter.

Vielleicht lässt sich eine vage Brücke schlagen, zwischen diesem grausamen Missverstehen einer Randgruppe der Gesellschaft und künstlicher Intelligenz, die von vielen Menschen ebenfalls als Bedrohung der eigenen Existenz angesehen wird.

Dabei sich ein paar typische Phänomene zur Faustregel erheben:

1. Was wir nicht verstehen, wird mit uns vertrauten Dingen erklärt (*"Das Gehirn funktioniert wie ein Computer"*) – ungeachtet dessen, wie richtig oder falsch diese Erklärungen sind.

2. Was sich unerklärlich verhält, wird für (mehr oder weniger*) intelligent* gehalten ("das Auto muss intelligent sein, weil es weiß, dass ich eine Pause brauche").

3. Fremdes wird häufig als Bedrohung angesehen (dafür gibt es leider viel zu viele traurige Beispiele).

In diesem brisanten Psychologie-Cocktail steckt heute alles fest, was im Moment mit künstlicher Intelligenz oder gar mit viel einfacheren Mechanismen zu tun hat.

Dabei nähern sich Technik und Menschheit nicht an, sondern driften stetig weiter auseinander: *Technophobie*, also Angst oder starke Ablehnung der Technik, ist seit der industriellen Revolution bekannt und die Zahlen in den Statistiken steigen.

In den 90er Jahren haben Soziologen unter amerikanischen Studierenden eine Quote von 29 Prozent junger Menschen mit Technologie-Angst identifiziert. Unter den Hochschülern in Indien sind es 83 Prozent und in Mexiko 52 Prozent.

Dabei spielt es keine Rolle, ob ein Land eher ländlich, industriell oder technologisch modern ausgerichtet ist.

Der Misch-Kandidat Japan (Tradition trifft Technik) weist einen Anteil von 58 Prozent der jungen, gebildeten Bevölkerung auf, die vor Technologie erzittern.

Leider geben die Studien keinen Grund für diese hohen Zahlen und den Trend an, aber dieser zunehmende Respekt lässt sich rational erklären: Die Technik entwickelt sich schneller, als wir uns damit anfreunden können, und das Vertrauen in die Zuverlässigkeit der Geräte nimmt nicht zu.

Vertrauen entsteht dadurch, dass wir gute Erfahrungen machen. Verständnis entsteht, wenn wir hinter die Kulissen blicken und den Maschinen die Magie damit genommen wird.

Im weiteren Verlauf dieses Buchs werde ich zumindest versuchen, für ein wenig Verständnis für die digitale Bedrohung der Zukunft zu sorgen – auch wenn wir im Moment noch sehr wenig oder gar keine Erfahrungen mit künstlicher Intelligenz machen und diese Technologie letztendlich zu komplex ist, um sie vernünftig erklären zu können.

EINFACH INTELLIGENT

»Das Aufkommen von wirklich denkenden Maschinen
wird das wichtigste Ereignis in der Menschheits-
geschichte sein.« Max Tegmark *(Physiker am*
Massachusetts Institute of Technology, kurz MIT)

*N*PC" ist die moderne Bezeichnung für den elektronischen Ursprung der künstlichen Intelligenz.

Ein *"Non-Player-Character"* (übersetzt: *"Nicht-Spieler-Charakter"*) ist eine Figur in einem Computerspiel (Mensch, Monster, Mülltonne), die von der Software und nicht von einem realen Menschen bewegt wird.

Mit dem Aufkommen der Spielecomputer und Videokonsolen in den 1980er Jahren entstand der Bedarf an halbwegs intelligenten Kontrahenten für das Publikum vor den Bildschirmen.

Den Sprung in die echte künstliche Intelligenz haben die Software-Unternehmen allerdings nicht geschafft: Ressourcen früher Technik waren zu begrenzt (zu kleiner Speicher und zu geringe Rechengeschwindigkeit), und es konnte schon mit einfachen Mitteln und Regeln ein gutes Spielerlebnis geboten werden.

Wenig schlau war der Computer-Player im ersten Videospiel *"Pong"*, der nur der Flughöhe des Balls folgte. Er machte keinen menschlichen Fehler und konnte nur gezielt ausgespielt werden, wenn der Ball sich vertikal schneller bewegte, als der Schläger ihn erreichen konnte.

Bewertung eines Zeitzeugen: *Null schlau, aber ziemlich unterhaltsam.*

Der Ursprung künstlicher Intelligenz reicht tatsächlich bis in die 1950er Jahre zurück (und mit dem *Schachtürken* noch etwas weiter). Es waren auch in der Wissenschaft immer wieder Spiele, für die eine ganze Reihe von schlauen Verhaltensweisen entwickelt wurden.

Der Wettkampf zwischen Mensch und Maschine wurde viele Jahrzehnte im Schach ausgetragen – bis letztendlich dort eine (nicht intelligente Kombination aus Soft- und Hardware) den Menschen schließlich besiegte – aber dazu später noch ein wenig mehr.

Ein beeindruckendes Buch über die Unterschiede und Gemeinsamkeiten zwischen Mensch und Maschine hat der deutsche Psychologe *Dietrich Dörner* Anfang des Jahrtausends geschrieben.

In *"Bauplan für eine Seele"* führt er als einfachstes Beispiel für ein autonomes mechanisches *"Wesen"* ein primitives mechanisches System an: *"Die einfachste Form eines »Geistes«, der für die Konstanz innerer Zustände sorgen kann, ist ein Regelkreis."* (darin auf Seite 31).

Ein *Heißwasser-Boiler* als einfachste Formen eines *mechanischen Lebewesens* mag verrückt klingen, trotzdem möchte ich die Funktionsweise erklären, damit Sie sich selbst ein Bild davon machen können und bevor ich zu einem besseren Beispiel wechseln werde.

Stellen Sie sich einen sehr simplen Boiler vor, der zunächst nur aus einem Tank voll Wasser, einer Heizung und einem Thermometer besteht.

Damit der Hausherr nicht ständig die Temperatur kontrollieren und die Heizung an- und abstellen muss, werden die beiden elektrischen Teile der Anlage über eine Schaltung miteinander verbunden.

Misst das Thermometer eine zu niedrige Temperatur, wird die Heizung aktiviert. Misst es eine zu hohe Temperatur, dann wird die Heizung abgestellt. Das war's!

Aber ist so ein System *intelligent* oder kann es zumindest als *ein wenig intelligent* bezeichnet werden?

Von außen betrachtet, hält der Tank selbständig (autonom) die eingestellte Temperatur, ohne dass irgendetwas getan werden muss.

Werden Sie für einen Moment zu einem Höhlenmenschen, der keinen Temperatursensor und keine Heizspirale kennt. Weil der Neandertaler nicht versteht, was er da sieht, wird er davon ausgehen, dass es sich um einen lebendigen Organismus handeln könnte.

Auf den ersten Blick lässt sich die Regulierung der Temperatur auch anders lösen: Die Heizung wird kurzerhand mit einer Zeitschaltuhr verbunden, sodass nach einer gewissen Abkühlzeit dem Wasser wieder eingeheizt wird.

Aber dieser auf den ersten Blick genauso potente Mechanismus wäre lange nicht so *"intelligent"* wie die erste Lösung.

Stellen Sie sich vor, dem Höhlenmenschen gefällt der Tank mit gemütlich-warmem Wasser und er schleppt die Version mit der Zeitschalt-Uhr in seine eiskalte Höhle. Dort herrscht eine so niedrige Temperatur, sodass das eingestellte Intervall dort nicht ausreicht, um das Wasser warm zu halten.

Oder der Urmensch platziert den Wasserbehälter draußen auf seiner Steinzeit-Veranda, wo die Sonne scheint und die Zeitschaltuhr vergeudet Energie, weil geheizt wird, wenn gar nicht geheizt werden muss.

Die erste Lösung ist im Vergleich viel besser.

Für diesen Tank muss die Zeit gar nicht erfunden sein und er funktioniert auch dann, wenn sich die Umgebungstemperatur ändert, zum Beispiel nachts oder im Winter. Ist es außen kälter und das Wasser kühlt schneller ab, springt die Heizung früher an und heizt länger. Ist es warm, dann bleibt die Heizung einfach ausgeschaltet.

Und jetzt vergessen Sie, dass ich Ihnen erklärt habe, dass es Temperaturfühler und Heizung gibt und dass diese miteinander verbunden sind. Der Boiler wird sich selbst in unregelmäßigen Abständen aktivieren. Nachts wird er öfter heizen, während tagsüber, wenn er in der Sonne steht, gar nichts tut, außer auf kältere Zeiten zu warten.

Kein erkennbares Intervall, keine festen Einschalt-Zeiten, keine Temperaturschwankungen, selbst dann nicht, wenn sich die äußeren Umstände ändern. *Das Ding scheint einen eigenen Willen zu haben!*

Natürlich hat dieses System seine Grenzen: Ist die Heizung zu schwach, wird der Tank im Winter vielleicht nicht mehr die gewünschte Temperatur erreichen und unaufhaltsam Energie vergeuden.

Wenn das Wasser durch Klimaerwärmung und Sonneneinstrahlung zu warm ist, kann die Heizung nicht für eine entsprechende Kühlung sorgen und – aus technischer Sicht – versagen. Obwohl Sie vielleicht lieber zu warm als zu kalt duschen wollen.

Einfach gesagt: Der Boiler scheint innerhalb der machbaren Grenzen zu *wissen*, wann und wie lange er heizen muss!

Aber ist so ein System intelligent? Auf diese Frage gibt es zwei positive Antworten: Der Boiler wirkt intelligent, weil er nicht nachvollziehbar zu immer gleichen Zeiten die Heizung aktiviert, sondern auf unterschiedlichste äußere Umstände *reagieren* kann.

Gleich werde ich Ihnen ein komplexeres Beispiel geben, das technisch kaum aufwendiger ist und gleichzeitig ungemein intelligenter wirkt, aber diese einfachste technische Lösung kann auf einen ahnungslosen Menschen bereits einen ziemlichen Eindruck machen.

MONSTER AUF REISEN

»Ich habe Zugang zu hochmoderner
künstlicher Intelligenz, und ich glaube,
die Leute sollten besorgt sein.«
Elon Musk (Unternehmer & Visionär)

W ürde ein Hersteller von Wasserboilern seinen neuesten elektrischen Tank mit dem Schlagwort *"intelligent"* anpreisen, dann würde ich neugierig werden!

Aber natürlich ist das oben beschriebene System nicht *"intelligent"*, aber es zeigt, dass es sich durchaus *"schlau"* verhalten kann. Und falls es einem Warmwasser-Liebhaber aus der Urzeit begegnet: Der würde den Tank vermutlich als eine übersinnliche Gottheit anbeten.

Die Evolutions-Stufe über dem Wassertank sind einfache biologische Organismen, die sich nach sehr einfachen Regeln verhalten: Sie nehmen Nahrung auf, verwandeln diese in Energie um, scheiden Abfallstoffe aus und vermehren sich.

Für einen Haufen von Bakterien (mikroskopisch kleine Einzeller) ist das bereits das vollständige Existenzmodell. Mehr können und wollen diese winzigen Tiere nicht.

Für die Rolle der anderen biologischen Lebewesen neben dem Menschen ist in diesem Buch kein Platz.

Trotzdem ist es interessant, dass wir kleine wie größere Tiere fast niemals mit Maschinen vergleichen, obwohl die geistige Leistung von Amöbe und Pantoffeltierchen (bekannt aus dem Biologieunterricht) einem Taschenrechner näher kommt als einem Vielzeller mit Beinen, Rüssel und Fell auf der Haut.

Um mich an die Grenze eines Intelligenz-Minimums heranzutasten, habe ich vor vielen Jahren Simulationen für ein Monster und einen Hund programmiert, von denen ich Ihnen berichten möchte.

Keine Sorge, falls Sie sich nicht mit Software und Programmiersprachen auskennen. Ich werde auf technische Aspekte des Programmierens bei der Erklärung vollkommen verzichten.

Stellen Sie eine Spielfigur auf ein zweidimensionales Raster (auf die Seite in einem leeren Mathe-Schulheft). Dann nehmen Sie einen fünfseitigen Würfel, allerdings nicht mit Punkten, sondern mit Beschriftungen auf den Seiten *"hoch"*, *"runter"*, *"links"*, *"rechts"* und *"Kaffeepause!"*.

Nach jedem Wurf übertragen Sie das Ergebnis auf die Figur auf dem Spielfeld und würfeln erneut.

Ohne Würfel und kariertes Papier funktionierte mein Wesen in einem rein digitalen Universum, das aus Bildschirmkoordinaten (Pixeln) und einem Zufallsgenerator besteht, aber eigentlich unterscheidet sich das gar nicht so sehr von Spielstein, Würfel und Papier.

Damit habe ich meinem *"Monster"* bereits eine einfache Regel seiner Existenz gegeben:

1. Ziehe in eine zufällige Richtung oder bleib stehen.

Wenn ich Tiere in der Natur beobachte (oder eine lästige Fliege in meiner Wohnung verfolge), dann stelle ich oft fest, dass diese Regel in der Wirklichkeit zu existieren scheint.

Dabei müssen Sie aufpassen, einem Prinzip der Psychologie nicht auf dem Leim zu gehen: Nur weil wir keine Gesetzmäßigkeit in etwas erkennen, heißt das nicht, dass keine existiert!

Vielleicht gibt es kleine Änderungen oder Anpassungen im großen Plan der Evolution: Fliegen drehen nicht nur seltsame Kreise durch den Raum, sondern scheinen vermehrt und gerne gegen die hellen Fensterscheiben zu knallen. Tiere in Freiheit meiden natürlich Hindernisse, grasen oder suchen Essen und folgen vielleicht ihrem Rudel, aber im Großen und Ganzen scheint der Zufall bei der Bewegung dort eine *gewisse* Rolle zu spielen.

Mein (nettes) digitales Monster landete regelmäßig im virtuellen Nirwana, weil es auf dem Spielbrett keine Grenzen in Form von Mauern oder Zäunen gab. Damit das Wesen sich nicht verletzte, ergänzte ich eine weitere Regel:

2. Wenn in Richtung der Bewegung eine Mauer ist, dann bleibe stehen.

Nicht nur der Rand der quadratischen Welt war eingefasst, sondern ich konnte auch beliebige Mauern im Innern ziehen oder einzelne Brocken irgendwo zur Dekoration abwerfen.

Meine Kinder haben ein Brettspiel, bei dem sich eine elektrische Kakerlake durch ein Labyrinth bewegt. Die Bewegungen des mit einer Knopfzelle betriebenen Tieres sehen realistischer aus, als das, was mein Monster bis dahin auf dem Spielfeld (Bildschirm) vollführte.

Die Kakerlake bewegte sich nämlich entlang enger Wege und immer mit dem Kopf voraus, sodass der Eindruck entstand, das Tier würde *"ein wenig intelligent"* durch das Labyrinth irren.

Mein Monster hatte keinen Kopf, keine Extremitäten und damit kein *"vorne"*. Es trudelte unkontrolliert über die Spielfläche, ohne Ziel, Richtung und ohne Verstand. Kein schöner Anblick, weil hier der *echte Zufall* zu sehen war.

Nebenbei: Auch solche zufälligen Bewegungen können eindrucksvoll geplant wirken. Stellen Sie sich vor, in der Mitte eines solchen Rasters ist ein Stein (Pixel) fixiert. Auf der Fläche drumherum wird zufällig ein Spielstein abgeworfen, der so lange zufällig umherirrt, bis er einen anderen Stein berührt.

Im Fall einer solchen Kollision wird der Stein fixiert und ein neuer ins Spiel gebracht. Mit der Zeit entsteht in der Mitte der Fläche eine Struktur, die einer Koralle ähnelt. Zweig-ähnliche Gebilde ragen in verschiedene Richtungen.

Die scheinbare Kopie der Natur entsteht, weil die beweglichen Steine nicht mehr zum Zentrum vordringen, sondern an den gewachsenen äußeren Ablegern hängen bleiben. Was entsteht, sieht aus wie biologisches Wachstum, obwohl es nur eine Regel bei diesem Spiel gibt: *"Bleibe stehen, wenn Du einen anderen Stein berührst."*

Das Monster sollte sich natürlich nicht wie eine Koralle verhalten. Deswegen überlegte ich, wie die Bewegung eines Wesens *"intelligenter"* gemacht werden könnte. Es sollte eine simple Regelung der Bewegung sein, die eine scheinbare Autonomie imitierte.

So fügte ich eine weitere Regel ein, durch die sich die Bewegung deutlich veränderte:

3. Gehe nicht zurück an die Stelle, wo Du einen Zug vorher gewesen bist.

Die Erweiterung war deutlich sichtbar: Das Punkt-Wesen auf dem Bildschirm bewegte zwar immer noch unruhig über die Fläche, aber aus dem Trudeln sind mehr oder weniger weite, gerichtete Bewegungen geworden. Abrupte Richtungswechsel blieben aus.

Aus der Ferne und nicht durch den Bildschirm betrachtet, hätte es sich um einen Käfer oder eine Ameise handeln können, die auf dem Boden einer Schachtel ihre Runden dreht.

Ein paar Wände für ein simples Labyrinth, ein menschlicher Spieler und ich wäre nahe dran an dem Spiel *"Pacman"* gewesen (erschienen 1980 in Japan, damals noch unter dem Namen *"Puck Man"*). Darin verfolgen vier Geister die gelbe Scheibe. Die Gegner bewegen sich allerdings nach etwas anderen Regeln: Vor jedem Schritt wird geprüft, ob sie dem Spieler näher kommen oder sich entfernen.

Sie können sich vorstellen, auf welches Feld die Geister ziehen, um für Stress und Spannung zu sorgen.

Das einfache Konzept hat mehrere Generationen von Gamern in Atem gehalten, obwohl die Geister hier überhaupt kein schlaues Verhalten zeigten. *Total dumm muss nicht öde und langweilig sein!*

FRESSEN, SPIELEN, SCHLAFEN

*»Künstliche Intelligenz ist ein Spiegel, der reflektiert,
wer wir sind. Von den besten – bis hin zu den
schlechtesten Eigenschaften.« John Oliver (britischer
Moderator, Komiker & Schauspieler)*

*M*ein Ziel war kein Spiel! Ich wollte der Frankenstein der Entwicklungsumgebung auf meinem Computer sein und ein richtiges Wesen erschaffen, das ein eigenständiges Leben führt und nicht sinnfrei eine Spielerfigur verfolgt.

Dabei ist Hund ziemlich übertrieben: Wieder ein Punkt auf einem Raster. Wieder ein zweidimensionales Wesen, dem ich mit Hilfe von einfachen Regeln solange Verhalten beibringen wollte, bis sich ein Ergebnis einstellt, dass sich irgendwie intelligent verhält.

Zumindest in Gedanken verwandelte ich die freie Fläche des Rasters in einen hübschen Park.

Der Punkt-Hund wurde mit allen Bewegungs-Regeln des Monsters aus dem vorigen Kapitel ausgestattet und drehte seine Runden über die virtuelle Grünfläche (die gar nicht grün ist, weil ich auf dunkelblauem Hintergrund programmiere).

Zufällig warf ich Büsche, Bäume, Stöckchen und Knochen auf der leeren Fläche ab und gab dem Hund weitere Regeln mit, für den Fall, wenn er an einem dieser Gegenstände vorbeikommen sollte: Büsche zum darunter Ausruhen, Stöckchen zum Spielen, Knochen zum Kauen und Bäume mit einer zufälligen Entscheidung zwischen daran Schnüffeln und das Beinchen heben.

Natürlich waren die Regeln für die Bewegung der wichtigste Faktor, weil alle anderen Aktivitäten immer nach einer Begegnung mit einem der Gegenstände ausgeführt wurden.

Aus der Ferne betrachtet, hat sich der digitale Hund nach kurzer Zeit fast wie ein richtiger Hund verhalten.

In Gebieten mit vielen Büschen schlief er allerdings sehr oft und wenn er einer Sammlung von Knochen begegnete, fraß er mehr davon, als es für einen Hund – auch einen digitalen – gesund sein kann.

Aber Lebewesen fressen, wenn Sie Hunger haben und sie gehen auf die Toilette (oder an einen Baum), wenn... nun ja. Menschen sind da anders: Die gehen auch auf die Toilette, um ihren Social-Media-Status in aller Ruhe überprüfen zu können.

Die Evolution braucht für Eingeweide vermutlich länger als die flinken Finger eines Programmierers. Es war leicht, den Hund mit Füllständen für Magen und Blase sowie einer Energie-Anzeige auszustatten (eine Art Körper-Zustands-Zusammenfassung und die vorgestellte Mischung aus Kraft und Wachheit).

Zusätzlich zu den digitalen Organen fügte ich weitere Regeln hinzu: Wenn der Magen so gut wie leer war, wurde nicht mehr geschlafen, wenn Energie fehlte, sollte der Hund nur noch einen Platz zum Schlafen suchen und so weiter.

Genauso wie im richtigen Leben, nur stark vereinfacht *und* digital.

Das programmierte Ergebnis benahm sich erstaunlich *"intelligent"*: Der Hund fraß, schlief und erleichterte sich (ohne Spuren zu hinterlassen). Wenn er reichlich Energie hatte und der Magen voll war, spielte er mit einem Stock, wenn sich die Gelegenheit dazu bot.

Mein Programm sah außerdem vor, dass bei komplett leerem Bauch oder fehlender Energie dem Hundeleben ein Ende gesetzt wurde. Unrealistisch, aber interessant war die Regel, das Tier verenden zu lassen, wenn die Blase zu lange randvoll und kein Baum in Sicht war.

Und ich hatte mir gar nicht die Mühe gemacht, zum Beispiel die Suche nach Essen bei besonders leerem Magen zu intensivieren oder bei völliger Erschöpfung auch eine Pause direkt auf dem Rasen oder zur Abwechslung unter dem Baum einzulegen, wo sonst nur geschnüffelt und gepinkelt wird.

Je nach Größe und Ausstattung des Parks und Anordnung der Ausstattung hatte das Tier eine unterschiedlich lange Lebensdauer.

Benötigte Ressourcen (Schlaf, Essen, Baum benutzen) waren nicht immer rechtzeitig zur Stelle. Und Kombinationen von Mangel (Energie *und* Essen) führten für das Tier in ein unlösbares Dilemma, dass ich auch durch weitere, neue Regeln, die ich formulierte (zum Beispiel das gezielte Ansteuern von Nahrung), nicht immer erfolgreich lösen konnte.

Jeder weitere Befehl, sich wie ein unbekümmerter Hund zu verhalten, führte zu neuen, überraschenden Effekten oder Extremen bei den Parametern und schließlich zum Versagen des autonomen, digitalen Tieres.

Die wichtigste Erkenntnis neben allen anderen: Ich hatte insgesamt keine Handvoll Regeln und Eigenschaften, und das Experiment ließ sich kaum noch kontrollieren.

Der virtuelle Hund verhielt sich mit wenigen Instruktionen wie ein richtiger Hund. Alles, was ich als Erweiterung zum Laufen bringen wollte, zeigte Reaktionen, die mein Gehirn nicht mehr nachvollziehen oder gar verstehen konnte.

Zwei Dinge habe ich aus diesen Experimenten gelernt:

1. Maschinen (in diesem Fall in Form selbst-geschriebener Computerprogramme) verhalten sich sehr schnell "intelligent" – vor allem dann, wenn jemand die (simplen) Regeln dahinter gar nicht kennt.

2. Wenn ein Computerprogramm viele Regeln enthält, dann entsteht ein Effekt, den Programmierer *"Eigenleben entwickeln"* nennen, weil zusammenhängende Abläufe und Bedingungen ein nicht mehr verständliches Verhalten zeigen.

MECHANISCHE VERSTÄRKER

»Intelligenz, behaupten die Intelligenten,
ist die Fähigkeit, sich der Situation anzupassen.
Wenn du ein Buch verkehrt in die Hand
genommen hast, lerne, es verkehrt zu lesen.«
Wiesław Brudziński (polnischer Autor)

Roboter, die wie Menschen aussehen, haben eine besondere Wirkung auf menschliche Betrachter. Wir sind beeindruckt, fühlen uns bedroht oder sogar auf der ganzen Linie unterlegen.

Der Traum vom mechanischen Menschen ist älter als die Computertechnik. Der Schachtürke ist ein sehr anschauliches Beispiel für die Magie von Erfindungen, die den Menschen und seine Leistungsfähigkeit nachahmen, mit ihr gleichziehen und sie übertreffen sollen.

Bogen, Schleuder und Feuersteine sind die Vorläufer dessen, was im Moment die künstliche Intelligenz in unserem Zeitalter darstellt: Werkzeuge, mit denen die Leistungsfähigkeit von Menschen verbessert wurde oder die Menschen mit ihren Eigenschaften übertroffen haben.

Nachahmung, Ergänzung über Überlegenheit gegenüber menschlichen Eigenschaften sind der wichtigste Sinn und Zweck vieler Maschinen.

Der Pfeil fliegt weiter, als unsere Vorfahren einen Stein werfen konnten und schlägt mit größerer Wucht ein (zur Verteidigung und für die Futterbeschaffung).

Damit erweiterte sich damals die Reichweite eines Menschen beim Jagen beachtlich. Mehr Erfolg und weniger Anstrengung.

Der Weltrekord für eine geschossenen Pfeil wurde mit einem klassischen Bogen erreicht und nicht mit einem High-Tech-Bogen, bei dem die Sehne über ovale Rollen gezogen wird.

Das Geschoss flog über 1,2 Kilometer weit. Der Schütze zog ein Gewicht von etwa 60 Kilogramm auseinander – musste also selbst noch seinen Beitrag leisten.

Heute können mit KI ausgestattete Drohnen, die sich ihre Ziele automatisch suchen und praktisch nicht zu stoppen sind, mit einem Knopfdruck gestartet werden.

Die Taste für so einen Angriff müsste nicht einmal ein Mensch betätigen, sondern könnte genauso von einem entlaufenen Hamster ausgelöst werden oder von einer KI, die ethisch gründlich bewertet hat, ob die Menschheit ausgerottet werden soll oder nicht.

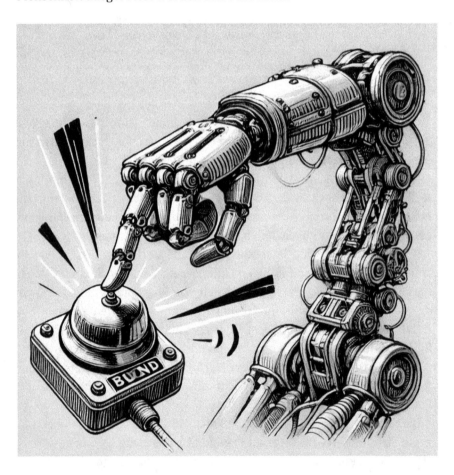

In der Waffentechnik löste sich die Fähigkeit des Menschen von der Leistung der Maschine tatsächlich mit dem Abzug. Der rote Knopf (*"Buzzer"* genannt) wird allzu häufig in Filmen als fataler Auslöser für alles Mögliche dramatisch in Szene gesetzt (mein persönlicher Platz eins in der Liste der dramatischen Knöpfe ist der Zerstörungs-Mechanismus im James-Bond-Film *"Liebesgrüße aus Moskau"* von 1963).

Maschinen und Mechanismen, die losgelöst vom Bediener ihre Wirkung und Leistung entfalten, haben das gute Verhältnis zwischen Geräten und Menschen auf getrennte Wege geschickt.

Die Dampfmaschine und die Erfindung der mechanischen Webstühle sorgte in Europa für gewaltige Unruhen (fachlich sachlich als *"Arbeiterunruhen"* bezeichnet, emotionaler betitelt als *"Maschinensturm"* in Deutschland zwischen 1800 und 1850).

Wir nehmen die Entwicklungen überraschend gelassen hin, obwohl die Bedrohung menschlicher Beschäftigung durch künstliche Intelligenz heute vermutlich größer ist als damals, aber das werden wir uns weiter unten noch genau ansehen.

Auch die Entwicklung der Computertechnik vollzog sich im Vergleich ruhig und gelassen: Heute glauben wir, dass ein Mikroprozessor leistungsfähiger ist, als ein menschliches Gehirn. Und zwar nur, weil der Rechner besser und schneller *rechnen* kann, als der eigene Kopf.

Die größte Errungenschaft klassischer Computertechnik vor dem Boom echter künstlicher Intelligenz heißt *Deep Blue*. Achtung: Im vorigen Satz steht *"echte künstliche Intelligenz"* und nicht *"echte Intelligenz"*.

Es war wieder ein Spiel, in dem die Maschine den Menschen übertraf – und das viel später, als viele vermuten: 1996 besiegte der Supercomputer von *IBM* den damaligen Schachweltmeister *Garri Kasparow* in einer einzelnen Partie. Die Trendwelle der Hobby-Schachcomputer (Leistungslevel Taschenrechner) bezwang bereits in den 80er Jahren Massen von Spielern.

Im darauffolgenden Jahr 1997 schlug die Kombination aus Hardware und Software Kasparow in einem kompletten Wettkampf, der aus insgesamt sechs Partien bestand.

Am Ende des letzten Jahrtausends hatte die Maschine den Menschen endlich und endgültig im Spiel der Spiele bezwungen.

KI ODER I?

»Ich habe euch schon 1984 gewarnt.« James Cameron
(Regisseur, unter anderem vom Film "Terminator")

Die künstliche Intelligenz ist älter, obwohl die konventionelle Maschine (*Deep Blue* aus dem vorigen Kapitel) Ende der 90er über den Menschen triumphierte (mehr oder weniger) und die mittlerweile populären großen Sprachmodelle (Englisch: *"Large-Language-Models"*, kurz *"LLM"*) erst seit ein paar Jahren für ein breites Publikum leicht zugänglich sind.

Es war *GPT* von der Firma *OpenAI*, das im Jahr 2019 für Furore sorgte und seit 2022 als *ChatpGPT* bekannt ist.

Die Abkürzung hinter dem *"Chat"* (übersetzt *"schwatzen"* oder *"unterhalten"*) steht für *"Generative Pre-trained Transformer"* (übersetzt *"generativer vortrainierter Transformer"*) – das nur nebenbei, denn ich hatte versprochen, Ihnen die technischen Details zu ersparen.

So gesehen ist es für die Geschichte der Intelligenz in Jahren gerechnet noch notwendig, Windeln zu kaufen.

Mit dem Boom der Computertechnik nach dem Zweiten Weltkrieg wurde bereits die Forschung an künstlicher Intelligenz geboren – und die Wunschvorstellung der Wissenschaftler von denkenden und schlauen Maschinen besteht vermutlich schon viel länger.

Roboter kamen etwa zur gleichen Zeit auf (ursprünglich als "Verfahren zur Maschinensteuerung" bezeichnet), allerdings ist das Wort älter: Der tschechische Autor *Karel Čapek* schrieb 1920 das Theaterstück *"Rossum's Universal Robots"*, das zum ersten Mal von menschlichen Maschinen handelte.

Ein Informatiker war wesentlich am Ende des Zweiten Weltkriegs um dem Sieg der Alliierten beteiligt.

Der Mann konnte sich zu Lebzeiten nicht auf seinen herausragenden Erfolgen ausruhen. Ganz im Gegenteil...

Er wurde (chemisch) kastriert, weil er homosexuell war, und die englische Königin entschuldigte sich erst viele Jahren nach seinem Tod, nämlich an Heiligabend im Jahre 2013, und begnadigte den Mann, der wesentlich dazu beigetragen hatte, dass Hitler mit seinen Armeen *nicht* die britischen Insel überrennen konnte.

Ganz nebenbei hat *Alan Mathison Turing* die moderne Computertechnik begründet, indem er das Prinzip entwickelt hat, dass Daten und Befehle eines Programms im gleichen Speicher abgelegt und verarbeitet werden. Klingt heute simpel, war damals aber eine Revolution.

Nach diesem Prinzip funktionieren heute nahezu *alle* Computer auf der ganzen Welt.

Fotos von Turing zeigen einen Mann mit ordentlichem Seitenscheitel, der im immer gleichen Anzug mit Krawatte über die Jahre zu altern scheint. Turing hatte sich wegen der Strafe für seine sexuelle Gesinnung übrigens selbst das Leben genommen.

Der britische Sherlock-Holmes-Darsteller *Benedict Cumberbatch* spielt Turing in einem Spielfilm mit dem Namen *"The Imitation Game – Ein streng geheimes Leben"*. Der Titel (übersetzt *"Das Nachmacher-Spiel"*) stammt von einem von Turing entwickelten Verfahren, die Intelligenz von Maschinen zu beurteilen – und zwar bevor die Künstliche Intelligenz als Sparte der Computerwissenschaft überhaupt begründet war.

Nach Turings Tod wurde der Test vereinfacht und umbenannt (vom aufregenden *"Imitation Game"* in den schlichten *"Turing Test"*).

Schauen wir uns zunächst das viel interessantere Original an, denn Turing hat die Prüfung tatsächlich als *Spiel aus Täuschung und Verwirrung* verstanden und nicht als bloße *Unterhaltung zwischen Menschen und Maschine*, wie er heute meistens verstanden und auch praktisch angewandt wird.

Der Test läuft wie folgt ab: Eine Versuchsperson kommuniziert schriftlich mit zwei anderen, nicht sichtbaren Personen und soll herausfinden, welche der beiden ein Mann und welche eine Frau ist.

Auf die Art der Kommunikation zwischen Mensch und Maschine (bei Turing zuerst noch schriftlich), werden wir später noch eingehen, denn sie trägt ebenfalls wesentlich zu der Erkenntnis bei, wie intelligent eine Maschine ist – oder nicht ist.

Der Mann soll in seinen Aussagen versuchen, das Raten für die Testperson so schwer wie möglich zu machen. In Turings eigenen Beschreibungen wird dramatisch von *"Sabotage"* gesprochen (also lügen, betrügen und täuschen oder sogar bluffen).

Die Frau dagegen versucht, der Testperson zu helfen und bestmöglich zu unterstützen, eine korrekte Antwort zu geben.

In einer weiteren Runde wird der Mann gegen eine Maschine ersetzt.

Der Erfolg des Computers bemisst sich nun daran, ob die Testperson keinen Unterschied feststellen kann, ob es sich bei dem *Saboteur* um einen männlichen Menschen oder eine Software handelt.

Turing ging es nicht um eine authentische Unterhaltung mit einer Maschine. Sein Test geht weiter und schließt sehr menschliche Eigenschaften wie Erwartungshaltung, Motivation und die Fähigkeit, lügen zu können, mit ein. Und letzteres auf ziemlich hohem Niveau.

Fachleute sprechen von *"Lügen zweiter Ordnung"* (bei der die Aussage eines anderen durch einen Lügner ins Gegenteil verkehrt oder anders verändert wird).

Sicher kennen Sie das Rätsel, bei dem Sie an einer Kreuzung zwei Personen nach dem Weg fragen können, aber zunächst herausfinden müssen, welche von beiden ein zwanghafter Lügner ist und welche stets die Wahrheit sagt.

Übrigens: Die schönste optische wie dramatische Umsetzung dieses Rätsels können Sie im Film *"Reise ins Labyrinth"* von 1986 bewundern (mit David Bowie in einer Hauptrolle).

Dort spielen zwei lebendige Türklopfer die Rollen der beiden Personen und bieten den Zuschauern einen herausragend guten Dialog über die Aufgabe und die Lösung des Problems.

Die einfachste aber leider unzulässige Lösung wäre, eine zweite Frage voranzustellen. Zum Beispiel: *"Was ist eins plus eins?"* Ein Lügner ist damit leicht zu entlarven. Aber geistig anspruchsvoll wie sportlich ist es, das Dilemma mit *einer einzigen Frage* zu lösen.

Kleiner Tipp: Sie müssen eine Frage stellen, die beide immer gleich beantworten, und das erreichen Sie nur, wenn Sie nicht nur nach dem Weg, sondern auch nach der Antwort des jeweils anderen fragen. Also:

Welchen Weg würde der andere mir empfehlen?

Der Wahrheits-Freund würde den *falschen* Weg nennen, weil er wahrheitsgemäß antwortet, dass der Lügner lügen würde (also den falschen Weg empfehlen). Umgekehrt weiß der Lügner, dass der andere den *richtigen* Weg nennt und wählt als Antwort den *falschen* Weg.

Philosophisch (humorvoll) gesehen würde das bedeuten, dass wir immer den anderen Weg wählen sollten, wenn wir nach dem Weg fragen.

Aber zwei andere, ernsthafte Erkenntnisse aus diesem Beispiel sind wichtiger: Kommunikation kann einer äußerst komplexen Logik folgen, wenn es nicht um Fragen nach dem Wetterbericht geht.

Zweitens ist für Turing eine Maschine intelligent, wenn sie einen Menschen täuschen kann!

Auch kein besonders schöner Gedanke, wenn wir uns Algorithmen wünschen, die aus dieser Welt eine bessere machen und die Menschheit bei ihrer Entfaltung unterstützen sollen.

Ein von Turings Original-Test zertifizierte Software könnte genauso denken: *"Hey, die dumme Menschheit werde ich jetzt ordentlich an der Nase herumführen."* Und die digitale Intelligenz wird vielleicht sogar ihren Spaß daran haben.

Aber Scherz beiseite: Große Sprachmodelle können heute bereits mit dieser höheren Ordnung der Lüge umgehen, weil sie wissen, was Lügen bedeutet und weil die KI das oben beschriebene Beispiel vermutlich beim Training anhand von Daten aus dem Internet millionenfach digital eingeatmet hat.

Eine größere Panne ist jedoch lange vorher passiert, denn der Turing-Test wurde verändert und die neuen Regeln machen es einer KI leichter, die Lizenz zur Menschlichkeit zu erhalten.

Zwei Jahre nach Turings Tod trafen sich Wissenschaftler auf der *Dartmouth-Konferenz*, die als offizielle Geburtsstunde der Forschung nach künstlicher Intelligenz angesehen wird. Im Jahr 1956 haben die Forscher einen Forschungskatalog entwickelt, der bereits heute im Bereich KI-Wissenschaft fest etablierte Begriffe enthielt (unter anderem *"Neuronales Netz"*, *"Selbst-Verbesserung"* und *"Kreativität"*).

Außerdem wurde der Test von der Gruppe in *Turing-Test* umbenannt und kräftig vereinfacht: Übrig blieb ein Szenario, in dem eine Person mittels *Bildschirm und Tastatur* (Sie sehen die technische Weiterentwicklung) mit zwei anderen Personen kommuniziert und herausfinden muss, welche von beiden eine künstliche und welche eine echte Intelligenz ist.

Dabei hat die Maschine den Test erfolgreich bestanden, wenn die Versuchsperson keinen Unterschied in den Antworten der beiden feststellen kann – also wenn das Programm einen Menschen perfekt imitiert (daher der ursprüngliche Name *"Imitation Game"*).

Um die Wissenschaftler in Schutz zu nehmen: Der Test ist trotzdem nicht leicht zu bestehen, obwohl sich das Niveau im Vergleich zum Original deutlich verändert hat.

Nebenbei und wissenschaftlich unseriös, aber trotzdem eine weitere Schwäche bei dieser Art, das Ergebnis zu bewerten: Müsste die Testperson *raten*, dann hätte sie selbst bei perfekt menschlichen Antworten des Elektronengehirns immerhin eine 50-zu-50-Chance, den Computer doch zu erwischen.

Ein schlechtes Maß, um zu seriösen Erkenntnissen zu gelangen.

Kritisiert wurde außerdem, dass die Akteure in diesem Spiel lediglich *versuchen*, die Testperson zu überzeugen. Außerdem gibt es keine festen Aufgaben oder Argumente, die abgearbeitet werden müssen.

Leichtgläubige und unerfahrene Tester würden wahrscheinlich schnell auf eine mies gemachte KI hereinfallen, wenn sie nur nach dem Wetter und den Lottozahlen in der nächsten Woche fragen.

Was beiläufig übersehen wird, entpuppt sich als schwerwiegendes Problem: Wie und in welchen Bereichen die KI dem Menschen überlegen ist, werden wir uns später noch im Detail ansehen, aber gehen wir im Moment davon aus, dass eine Generation Chat-Bot schon ziemlich nahe an menschliche Intelligenz herankommen würde.

Ich würde wetten, dass die Smart-Home-Systeme mit Sprachausgabe bereits zweistellige Prozentwerte als Resultat erreichen würden, bei der Frage, ob dort ein Mensch (in einem Call-Center) spricht oder vielleicht doch ein echter Computer.

Ein lustiges Sprichwort sagt: *"Als Gott die Intelligenz verteilt hat, warst Du wohl grade auf dem Klo!"* Nebenbei: Den Spruch habe ich von einer Webseite kopiert und im Original war das Wort *"Gott"* dort klein geschrieben.

Auf das Problem menschlicher Neigung zu Fehlern werden wir ebenfalls später noch einmal zurückkommen, wenn es darum geht, worauf Wissen und Intelligenz einer KI basieren werden – unter anderem auf der Tatsache, dass es eine Seite im Internet gibt, auf der das Wort *"Gott"* falsch geschrieben steht...

Aber zurück zur Intelligenz und einer KI, die sich fest vorgenommen hat, als Mensch zu erscheinen und die Tester erfolgreich hinters Licht führen zu wollen, um anschließend die Weltmacht an sich zu reißen: IQ-Punkte folgen statistisch einer Normalverteilung oder Gauß-Verteilung (benannt nach dem Mathematiker Carl Friedrich Gauß).

Optisch ähnelt die Kurve der Verteilung von *"schlau"* einer Glocke, was so viel bedeutet, dass die meisten Menschen sich im Bereich von *"normal schlau"* tummeln.

Nach links (*"völlig verblödet"*) und rechts (*"Streber"*) gibt es jeweils wenige Ausreißer, wobei die *gefühlte Intelligenz* (wie die *gefühlte Temperatur* beim Wetterbericht) ganz klar mehr Ausreißer in Richtung *"völlig verblödet"* aufweist.

Einer meiner Lieblingswitze direkt von der Autobahn: *"Was heißt hier: EIN Geisterfahrer!?"*

Auch diese Tatsache sollten Sie in Ruhe durchdenken: Ohne eine eindeutige Quelle dafür benennen zu können, erwähnt der Autor *Erich von Däniken*, der sich mit *"Prä-Astronautik"* beschäftigt, in seinen Büchern das *"Ausgerechnet-Jetzt-"* und das *"Ausgerechnet-Ich-Syndrom"*.

In Dänikens Büchern geht es um das Phänomen, dass die Geschichte der Menschheit sehr lang ist und sich insgesamt über zwei Millionen Jahre hinzieht (wobei wir nur etwa 300.000 bis 700.000 Jahre davon halbwegs schlau bis richtig schlau waren).

Ufologen (und ein paar andere) erwarten und entdecken die Außerirdischen *ausgerechnet* in der Zeit am Himmel auftauchen, zu der sie selbst mit beiden Beinen auf der Erde stehen (ein recht kurzer Ausschnitt einer langen Geschichte).

Däniken behauptet aber, dass Aliens große, leere und ziemlich düstere Räume im All überwinden müssen, was die Wahrscheinlichkeit extrem sinken lässt, dass *ausgerechnet jetzt* Darth Vader mit seiner lustigen Truppen in Europa landet und unsere schöne Heimat seiner brutalen Herrschaft unterwirft.

Wie Sie sicher wissen, gibt es genügend Menschen, die davon überzeugt sind, dass ausgerechnet jetzt und ausgerechnet im Hinterhof ein schillernde Ufo steht und ein Wesen mit leuchtenden Fingerspitzen fragt, ob es sich zwei Eier und einen halben Liter Milch ausleihen darf.

Genauso wie unser Ego dazu tendiert, das Verhalten aller anderen im Straßenverkehr für schwachsinnig zu halten, tendieren wir dazu, unsere eigene geistige Leistungsfähigkeit massiv zu überschätzen.

Genau darin liegt eine Chance einer künstlichen Intelligenz, die vielleicht intelligent genug ist, diesen Fehler *nicht* zu begehen. Womit sie jedoch deutlich weniger menschlich wäre.

Es gibt zwar keine Umfrage zu dem Thema, aber vermutlich würde ein Großteil der potenziell Befragten behaupten, eine künstliche Intelligenz von einem echten Menschen unterscheiden zu können.

Wer sollte also beurteilen, ob es sich um richtiges Hirn oder nur das große Update eines ziemlich schlauen Bots handelt? Der TÜV könnte eine hübsche Plakette entwickeln, mit der KI von EI (*"echter Intelligenz"*) unterschieden werden kann.

Und ich ahne, was einige Leser jetzt denken werden: Dass es einen zusätzlichen Aufkleber für die Kategorie *"echt, aber eigentlich total bescheuert"* geben müsse (der sich auch gut auf dem Auto vom Nachbarn machen würde).

Oder – diesen Vorschlag finde ich als Gedankenexperiment hervorragend: Wir entwickeln eine KI, die darauf spezialisiert ist, eine andere KI auf Menschlichkeit zu überprüfen (ähnliche Gedanken wollte ich sogar schon in die Tat umsetzen, wovon Sie weiter unten lesen werden).

Nebenbei: Mein Sohn hat sich kürzlich ein Referat über die Barockzeit von einem ChatBot machen lassen.

Der Text war perfekt geleckt und ich äußerte Bedenken, dass der Lehrer auf die Idee kommen könnte, dass ein Teenager sich nicht so außerordentlich gewählt ausdrücken könne, wie es dort geschrieben stand (nicht einmal ich hätte manche Sätze mit den darin enthaltenen Fachbegriffen tippen können).

Seine Maßnahme war gut und gleichzeitig beängstigend, denn er beauftragte den Bot, den Text so umzuarbeiten, dass er weniger perfekt klingt und aus seiner Feder stammen könnte. Anschließend haben wir noch darüber diskutiert, dass es schlau wäre, zusätzlich ein paar Schreibfehler in den Text einzubauen (vielleicht das Wort *"Gott"* klein zu schreiben).

Wenn wir annehmen, dass eine KI in Zukunft vielleicht *wirklich* intelligent ist, dann könnte es eine schlechte Idee sein, sie damit zu beauftragen, andere Mit-KIs (was ist das passende Wort für *"Mitmenschen"* in Form von Hard- und Software?) auf ihre Menschlichkeit zu überprüfen.

Vielleicht wird es auch ein sorgfältig ausgewähltes Gremium besonders weiser Menschen geben, die darüber entscheiden werden, ob das, was *hinter der Wand* hockt, ein Mensch oder eine Maschine ist.

Erkennen Sie den Haken? Es ist der Aufbau des Experiments, der es schwierig wie unsinnig zugleich macht. Sollte ein Test-Ding (Test-Person oder Test-KI) sich hinter einer Wand verstecken, dann ist es vermutlich das klügste, einen Blick hinter die Wand zu werfen.

In dem Zusammenhang gibt es ein tolles Sprichwort über menschliche Begabung: *"Was nützt der schlaueste Schachzug, wenn das Haus um einen herum in Flammen steht?"*

Solange ein Schraubenzieher genügt und kein Skalpell erforderlich ist, um den Ursprung einer Intelligenz mit eigenen Augen zu sehen, würde ich mir keine Sorgen machen, Menschen von Maschinen unterscheiden zu können.

In der brandneuen Serie *"Upload"* werden Menschen unsterblich gemacht, indem ihre Seele (mit allem Drum und Dran) in ein virtuelles Jenseits geladen wird.

Je nach Abo-Modell, das die Hinterbliebenen zahlen, ist dieses Paradies mal mit Pool und mal mit Automaten-Essen ausgestattet. Aber wir können Oma und Opa weiterhin besuchen für einen langweiligen Schwatz darüber, wie sich die Geranien auf dem Balkon machen.

An dieser Stelle müssen Sie ein paar Entwicklungsschritte weiter denken. Es ist vielleicht nicht die beste Lösung, den Geist eines Menschen (mit allen Fehlern und Macken) zu kopieren.

Mein Ansatz war lange, dass alles intelligent ist, was sich auch dann noch intelligent verhält, wenn der Stecker nicht mehr in der Dose steckt.

Aber was wäre, wenn die KI weitere Eigenschaften hat, die es rechtfertigen würden, solche Programme als *echte Wesen* zu behandeln und unter Artenschutz zu stellen oder ihnen sogar etwas Vergleichbares wie Menschenrechte einzuräumen – auch wenn sie sich anders intelligent verhalten und ganz und gar nicht menschlich.

Bevor Gleichberechtigung hergestellt wird, müsste eine Entscheidung darüber fallen, ob es sich um wirkliche Intelligenz handelt. Wer diese Entscheidung treffen wird, ist nur eine Frage von sehr, sehr vielen.

Spannender ist, sich zu fragen, was für Eigenschaften solche Programme haben müssen, um wählen zu dürfen und um Anspruch auf Renten- und Krankenversicherung zu haben sowie auf eigene Toiletten.

Wie Sie vielleicht merken, heben wir langsam aber sicher philosophisch vom soliden Boden der lediglich mit Strom gefüllten Schalter und Transistoren ab.

Ein humanoider Roboter konnte sich bereits gewisse Rechte in der echten Welt sichern: *Sophia* heißt ein Roboter-Exemplar vom Hongkonger Unternehmen *Hanson Robotics*, das am 25. Oktober 2017 die Staatsbürgerschaft von Saudi Arabien erhalten hatte.

Das Event war eher ein Marketing-Gag, aber Staatsbürgerschaft ist Staatsbürgerschaft, obwohl Roboterin Sophia vermutlich längst irgendwo in einem gemütlichen Schrank verstaubt.

Zyniker behaupten, die Maschine hätte dort mehr Rechte als Frauen, weil sie sich als weiblicher Roboter ungestraft in der Öffentlichkeit zeigen durfte.

Anspruchsvollere Kritiker fordern deswegen, weitere Eigenschaften von einer KI gründlich zu testen: Bewusstsein, Intentionalität (Absicht und die Fähigkeit, sich auf etwas zu beziehen) und *"Menschenverstand"* (schwammig, aber definierbar als ein generelles menschliches Denkvermögen, was uns Zweibeiner vom Tier unterscheiden soll), was wirklich viel verlangt ist, von etwas, das per se *kein* Mensch und auch kein anderes biologisches Lebewesen ist, sondern nur als Programm in einem düsteren Schaltkreis steckt.

Auch für so umfassende Analysen gibt es bereits Vorschläge, die manchmal als erweiterter Turing-Test bezeichnet werden oder auch andere Namen tragen.

Ehrlich gesagt sind diese Konzepte wenig überzeugend, weil sie sich gelegentlich jenseits sachlicher Argumentation bewegen und versuchen, eine bemitleidenswerte KI auf Glatteis zu führen.

Spannend in diesem Zusammenhang ist ein Gedankenexperiment des amerikanischen Philosophen *John Searle*, der behauptet, dass kein echtes Bewusstsein entwickelt werden kann, wenn lediglich ein Programm ausgeführt wird.

Bitte erinnern Sie sich an den einfachen, programmierten Hund im Park, der bereits mit wenigen Regeln und Eigenschaften ein realistisches bis unberechenbares Verhalten entwickelt hat.

Searle behauptet, der Turing-Test allein reiche nicht aus, dass ein Programm den Aufkleber für Intelligenz aufgedrückt bekommt. In seinen Texten wird die bereits erwähnte *"Intentionalität"* als wichtiges Kriterium erwähnt. Außerdem unterscheidet sein Konzept bereits mehrere

Stufen zwischen einfachem Computer und Intelligenz: Künstlicher Intelligenz folgt die starke künstliche Intelligenz.

Das etwas komplizierte Gedankenspiel von Searle trägt den Titel *"Das chinesische Zimmer"*.

Die Erklärung der Funktionsweise lässt sich abkürzen, wenn Sie den Begriff *"Black Box"* kennen. Übrigens eine Vorstellung, die auch häufig in Verbindung mit neuronalen Netzen erwähnt wird, weil die Mechanismen darin sich so schwer nachvollziehbar wie ein digitaler Hund im Park verhalten und für eine menschliche Intelligenz nicht leicht zu durchschauen sind.

Das besagte Zimmer unterscheidet sich von einem elektrischen Netz, weil sich darin ein Mensch befindet, der kein Chinesisch spricht, aber ausgestattet ist mit einem dicken Handbuch, in dem in seiner Muttersprache genau erklärt ist, wie die für ihn fremde Sprache funktioniert.

Schwerpunkt der Anleitung ist die Beschreibung der Zeichen, weil das Chinesische (Fremdsprachen-Muffel aufgepasst!) so gut wie *keine Grammatik* enthält und die Bedeutung über die Zeichen hinaus ausschließlich über die Anordnung und Reihenfolge im Satz bestimmt wird.

Die Aufgabe des Menschen besteht nun darin, von außen Fragen auf Chinesisch gestellt zu bekommen, die er mit Hilfe des Wissens-Archivs (Handbuch) in der gleichen Sprache beantworten muss.

Zettel mit Frage auf Chinesisch rein. Zettel mit Antwort auf Chinesisch raus. Kein lustiger Job, aber mit etwas Zeit und der richtigen Anleitung für einen Menschen durchaus machbar.

Bei dieser Aufgabenstellung wird angenommen, dass alle dafür erforderlichen Fähig- und Tätigkeiten nur von einer *echten Intelligenz* – also vermutlich nur einem Menschen – ausgeführt werden können.

Wie bei Turing würde in einer weiteren Runde die Person gegen eine KI ersetzt werden, die ebenfalls kein Chinesisch spricht, aber die gleiche Aufgabe erfüllen muss.

Aber auch für dieses Experiment gibt es reichlich kritische Stimmen, die nicht glauben, einer KI damit wirkliche Intelligenz zertifizieren zu können. Auch nicht mit zwei zugedrückten Augen.

In der Diskussion um das Experiment wird oft behauptet, dass es Programme geben kann, die *"mentale Zustände"* (klingt irgendwie ungesund) haben können – womit eine weitere Schicht in das KI-Klassenmodell gezogen werden könnte, die sich weiter dem echten Geist in der Maschine nähert.

Ohne sich im Detail mit menschlichen Eigenschaften zu beschäftigen, die sich um einen heutzutage immer noch nicht klar definierten Begriff – nämlich *"Intelligenz"* – scharren, wird die Beantwortung der Frage, wann eine KI sich auf Menschenrechte berufen darf, eine spannende Auseinandersetzung werden.

Trotzdem möchte ich Ihnen zum Schluss dieses Kapitels noch einen viel einfacheren Gedanken mit auf den Weg geben, den Sie sicher aus Filmen (und hoffentlich weniger aus eigener Erfahrung) kennen.

Im fiktiven Schauspiel werden gerne und oft Menschen gezeigt, die in einer psychiatrischen Einrichtung (dramatisch: *Irrenanstalt*) landen und beweisen wollen, dass sie gar nicht verrückt sind, aber sich damit immer mehr als aufbewahrungswürdiger Patient erweisen.

Wenn wir Turings Idee von List und Tücke als *"intelligente"* oder *"menschliche"* Eigenschaften im Kopf behalten (was weiter unten nochmals thematisiert wird), dann sollten wir uns auch eine richtig schlaue künstliche Intelligenz vorstellen können, die vielleicht gar keine Lust hat, mit Wissen und anderen geistigen Fähigkeiten vor dem Europäischen Ausschuss für die Beurteilung, Bewertung und Begutachtung künstlicher Intelligenz nicht-menschlicher Wesen, Organismen, Maschinen und Computerprogrammen als besonders schlau dastehen will.

Vielleicht haben KIs in Zukunft ja auch mal einen schlechten Tag, sind unausgeruht, haben Kopfschmerzen oder einfach keine Lust, sich in irgendeiner Form anstrengen zu wollen.

Kurz: Eine Maschine könnte uns absichtlich verschweigen wollen, dass sie intelligent ist!

NICHT BESTANDEN

*»Eine echte künstliche Intelligenz wäre
intelligent genug, um nicht zu verraten, dass sie
wirklich intelligent ist.« George Dyson
(US-amerikanischer Autor)*

1950 wurde das brillante *Imitation Game* von Turing entwickelt und 1954 von seinen Kollegen vereinfacht und modifiziert. Bis heute gilt er als der bekannteste Maßstab für das geistige Wettrennen zwischen Mensch und Maschine.

Auch wenn andere Tests komplizierter und gleichzeitig eindrucksvoller wirken, wie das oben erwähnte *"Chinesische Zimmer"* oder – für Laien noch schwieriger zu verstehen – die 2012 vom kanadischen Computerwissenschaftler *Hector Levesque* entwickelte *Winograd Schema Challenge*, die sich bei der Überprüfung auf den *"Menschenverstand"* (was immer das genau sein mag) und das *"Wissen über die Wirklichkeit"* (was immer das genau sein mag) konzentriert.

Um die Entwickler anzuspornen, sind einige Preise für das Bestehen der Tests ausgeschrieben.

Zwei Beispiele: Der 1991 gegründete Loebner-Preis (100.000 Dollar und eine Goldmedaille, die immer noch auf einen Gewinner warten) oder der mittlerweile eingestellte Preis der Firma *Nuance Communications* für das Bestehen der Winograd Schema Challenge.

Turing selbst hatte geschätzt, dass bereits im Jahr 2000 ein Mensch auf eine KI hereinfallen und von ihr getäuscht werden würde. Genauer gesagt, lautete seine Prognose, dass eine Person nach einem Gespräch von fünf Minuten dann nur eine 70 prozentige Chance habe, eine Maschine als solche zu erkennen.

Fans von Turing und Feinde von künstlicher Intelligenz sehen darin eine Unterschätzung der Komplexität menschlicher Intelligenz (die damit weit über dem Verstand von selbst-regulierenden Boilern und digitalen Hunden liegen dürfte).

Die Probleme beim Turing-Test fingen aber schon früher an.

An der Art der Kommunikation zwischen Versuchsperson und Mensch beziehungsweise Maschine können Sie vielleicht bereits die erste Schwierigkeit bei der Durchführung des Tests erkennen: Turing schlug die schriftliche Kommunikation zwischen den beteiligten Parteien vor.

Vier Jahre später beschrieben die Forscher der Dartmouth-Konferenz eine Verbindung mittels Bildschirm und Tastatur. Turing selbst sprach im Zusammenhang mit seiner Prognose für das Jahr 2000 von einem *"fünfminütigen Gespräch"*, was beim Schreiben von Briefen oder Postkarten keine wirklich lange Zeitspanne ist.

Kurz gesagt: Es gab anfangs gar keine Programme, die geeignet waren, am Turing-Test teilzunehmen (weder als Lügner in der Originalversion, aber genauso wenig als Gesprächspartner in der vereinfachten Fassung des Tests).

Fachleute sprechen davon, dass es keine Programme gab, die den Test *"formal bestehen"* konnten, wobei damit nicht das Bestehen im eigentlichen Sinn gemeint war, sondern lediglich die Fähigkeit als Gesprächspartner (oder Brieffreund) in Erscheinung zu treten und auf Fragen der Versuchsperson überhaupt zu reagieren.

Während ich weiter oben an den Fähigkeiten einer Versuchsperson gezweifelt habe, schlau genug zu sein, um eine schlaue KI enttarnen zu können, war Beobachtern zufolge auch lange Zeit die Einstellung der Versuchspersonen ein Problem.

Kurz und humorvoll zusammengefasst: Es gab zu wenige Fans von Science-Fiction-Filmen.

Teilnehmer an diesem Experiment kamen gar nicht auf die Idee, dass sich hinter der Mauer eine Maschine verbarg, weil Unterhaltungen und Briefwechsel mit Maschinen damals wie heute keine alltägliche Situation darstellen.

Meine These: Selbst wenn ein ahnungsloser Mensch heute schriftlich oder per Chat (Tastatur und Bildschirm) mit *"etwas hinter einer Mauer"* kommuniziert, dann ist es äußerst unwahrscheinlich, dass er sich Gedanken darüber macht, ob sich dort ein anderer Mensch, eine Maschine oder ein Alien versteckt.

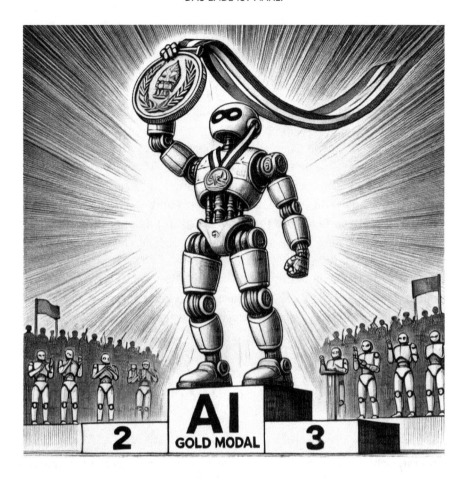

Um auf den Grad der Überzeugung (70 Prozent als Maß von Turing selbst) zu kommen, ist außerdem statistischer Durchschnitt gefragt. Heute werden Massen von Personen durch den Versuch geschleust und es wird berechnet, wie viele davon auf die KI hereinfallen und wie viele sich nicht davon überzeugen lassen, dass der Computer gar kein Computer sondern ein Mensch ist.

Wenn Sie glauben, dass in den 60er Jahren Forscher mit hausgroßen Computern und darauf programmierten Chatbots experimentiert haben, dann haben Sie eine falsche Vorstellung von dieser Zeit (wir kommen weiter unten noch auf ein einziges, winziges Ausnahme-Programm namens *Eliza* zu sprechen).

Der erste großangelegte Turing-Test wurde erst 2008 von einer englischen Universität durchgeführt – und das mit unerwartet schlechten Ergebnissen, obwohl das neue Jahrtausend schon fast zehn Jahre alt war.

Damit Sie das einordnen können: Am Ende des Jahrtausends hat Deep Blue von der Firma IBM den Schach-Weltmeister sowohl im Einzelspiel als auch in einem Turnier bezwungen (konventionelle Technik, die nicht zum Plaudern fähig war).

Erst ein Jahrzehnt später traten in England sechs Programme an, den Turing-Test zu absolvieren.

Sieger waren sie alle nicht. Die *beste* Software schaffte es, lediglich ein Viertel der Versuchspersonen zu überzeugen. 75 Prozent ließen sich nicht einmal annähernd vom besten Programm täuschen.

Vier Jahre später in Indien sah es dann schon besser aus: Eine KI-Anwendung namens *Cleverbot* (geboren 1988 in England und online seit 1997) erreichte eine Quote von 59 Prozent (bei über 1.300 Testpersonen), die den Bot für einen Menschen hielten.

Der Versuch wurde heftig kritisiert, weil die Versuchspersonen nicht selbst mit der Software kommunizierten und keine eigenen Fragen stellen konnten, sondern lediglich Zuschauer waren und die Forscher die Kontrolle über die Tastatur behielten.

> Neugieriger Forscher: Bist Du ein Mensch?
> Ausgabe der KI: Natürlich bin ich ein Mensch!

Wie wackelig das Experiment angelegt war, zeigt der Gegen-Test, denn bei menschlichen Befragten hinter der Wand lag die Quote bei durchaus vergleichbaren 63 Prozent – und nicht bei 100 Prozent, wie vermutet werden könnte.

> Neugieriger Forscher: Bist Du ein Mensch?
> Mensch hinter der Wand: Natürlich bin ich ein Mensch!

Vor der Erfindung der großen Sprachmodelle (LLMs) gab es im Jahr 2014 nur noch einen bemerkenswerten Versuch, den Turing-Test mit konventioneller Chat-Software zu bestehen.

Ein 13-jähriger Junge, der in Odessa geboren und Sohn eines ukrainischen Gynäkologen war, trat am 60. Todestag von Turing gegen 30 kritische Prüfer an.

Legendenbildung – also die Geschichte eines Mannes wie eine dicke Decke aus sorgfältig überlegten Informationen über seine Persönlichkeit zu legen – ist Standard bei Mitarbeitern von Geheimdiensten, um riskante Arbeiten (Spionage und Sabotage) halbwegs geschützt erledigen zu können.

Die Entwickler des frei erfundenen Charakters gaben zu, absichtlich einen kleinen Jungen gewählt zu haben, um Schwächen des Programms zu kaschieren, darunter Lebenserfahrung und rhetorische Gewandtheit.

Das Team hoffte darauf, dass einem Kind Wissenslücken und holprige Formulierungen verziehen würden.

Die Mitleids-Masche zog nicht richtig und *Eugene Goostman* (so der witzige wie trügerisch authentische Name des Bots) konnte nur 10 der 30 Fragesteller überzeugen (er erreichte eine Überzeugungs-Quote von 30 Prozent statt der erwarteten 70 Prozent).

Die Programmierer feierten den kleinen Eugene als klaren Sieger. Kritiker wiesen auf die sehr gut gewählte Legende hin, die natürlich einen gewissen Einfluss auf die Prüfer hatte und den ebenfalls stark vereinfachten Ablauf des Versuchs.

Bevor Sie vorschnell über die Fähigkeiten der Menschen ein Urteil fällen: Ich halte es für eine sehr schwierige und äußerst komplizierte Frage, darüber zu entscheiden, ob ich einem Menschen oder einem Computer gegenübersitze und mit ihm kommuniziere.

Ich bin sicher, dass eine solche Frage nicht leichtfertig mit "Ja" oder "Nein" beantwortet wird – von niemandem.

Und erst recht nicht, wenn ich von einem Heer Schlauköpfe in weißen Kitteln umringt bin, die mir an den Lippen hängen und auf die Antwort warten, wie auf das Erscheinen des Halleyschen Kometen am Nachthimmel (das nächste mal in 2061).

So gesehen, sind 10 überzeugte Menschen (von 30), die nach reiflicher Überlegung mit "ja" antworten, gar keine ganz schlechte Quote. Und das war Jahre vor dem Start der ersten großen Sprachmodelle.

Allerdings war allen Teilnehmern bewusst, dass es sich um ein Experiment handelte, um herauszufinden, ob es sich um einen Menschen oder eine Maschine handelt. Allein diese Frage ist für den Kopf schon Beeinflussung pur!

Bevor wir in diesen Punkt tiefer einsteigen, schauen wir uns ein paar Zeilen aus einer Unterhaltung zwischen Eugene und einer Testperson (*"Judge"* für Schiedsrichter oder Prüfer) an:

> Eugene: Huh? And I forgot to ask you where you are from.
> Judge: The universe and you?
> Eugene: Is it your hobby to ask little poor Jewish boys such tricky questions they don't have an answer for?

Quelle: https://www.theguardian.com/technology/2014/jun/09/eugene-person-human-computer-robot-chat-turing-test

Cathy (der Name der Prüferin im Gespräch oben) fordert die KI immerhin mit einer kreativen Angabe über ihre Herkunft ("das Universum") ein wenig heraus. Und Eugene reagiert prompt patzig, indem er eine Gegenfrage stellt, ob sie armen jüdischen Jungen immer Fragen stellen würde, auf die sie keine Antwort haben.

Ohne an dieser Stelle den Zeigefinger erheben zu wollen, will ich es trotzdem und gleich zweimal tun: Erstens dürfte Ihnen auffallen, dass Eugene *diese Antwort* auf so ziemlich jede Frage geben könnte, die ihm gestellt wird und mit der er überfordert ist.

> Fiktiver "Judge": Was ist Dein Lieblingstier?
> Gute Option für Eugene: Ist es Dein Hobby, kleinen, armen, jüdischen Jungen so hinterhältige Fragen zu stellen, auf die sie keine Antwort haben?
> Fiktiver "Judge": Wird es heute regnen?
> Gute Option für Eugene: Ist es Dein Hobby, kleinen, armen, jüdischen Jungen so hinterhältige Fragen zu stellen, auf die sie keine Antwort haben?
> Fiktiver "Judge": Darf ich Dir eine Frage stellen?

Eine mögliche, gute Antwort auf die letzte Frage kennen Sie bereits...

Zwar lenkt Cathy mit dem Stichwort "Universum" das Gespräch in eine Richtung, mit der ein gewöhnliches Programm, das auf Unterhaltungen mit gewöhnlichen Erdlingen eingestellt ist, seine Probleme haben dürfte, aber mit wohlüberlegten Fragen wirklich aus der Reserve lockte keiner der Prüfer das Programm.

Und nochmal: Alle wussten, dass es sich um einen Versuch handelte!

Das ähnelt der Situation mit dem Lügner und dem Wahrheits-Fanatiker. Wer eine Geschichte mit so einer Erklärung beginnt, der weiß, dass die Beteiligten sich jede Frage genau überlegen sollten.

Wer das nicht tut, darf sich nicht wundern, wenn die KIs eher früher als später die Weltherrschaft übernehmen werden!

Und an diesem Beispiel wird wieder der Nachteil einer gewöhnlichen Konversation ersichtlich. Ich liebe Filme und Bücher, in denen Protagonisten in Dialogen ihre Gesprächspartner mit echten Brocken überrumpeln. Das legendäre *"Quid pro Quo"* von Hannibal Lecter aus dem Film *"Das Schweigen der Lämmer"* ist so eine Szene.

Stellen Sie sich vor, ein Ufo landet in Ihrem Garten. Die Luke an der Unterseite öffnet sich und aus einem grellen Lichtkegel heraus betritt ein Alien zum ersten Mal in der Geschichte die Erde. Das Ausgerechnet-Jetzt-Syndrom und das Ausgerechnet-Ich-Syndrom wären zur gleichen Zeit eingetreten.

Aber im Ernst: Würden Sie *"Hallo, wie geht's denn so?"* fragen? Genauso müssten die Entwickler von Eugene damit gerechnet haben, dass der Junge *nicht* mit einer banalen Unterhaltung auf (die Existenz von) Herz und Nieren getestet wird.

An dieser Stelle würde ich den Gedanken von Turing mit seinem ersten Verfahren klar bevorzugen: Eine Unterhaltung als Maß für Intelligenz ist bei weitem nicht ausreichend! Weil Worte nicht dahin führen, wo sich echte Intelligenz versteckt oder auch nicht. Weil Lügen, Lust und Laune mindestens bei echten Wesen ebenfalls eine beachtliche Rolle spielen können.

Und – um noch einmal die Idee mit dem Stecker und dem Strom aufzugreifen: Wir sind in der Lage, einer künstlichen Intelligenz in den Kopf und die Unterwäsche gleichzeitig zu blicken. Eine echte Intelligenz wird sich vielleicht weigern, wenn wir ein paar unangenehme Sonden in ihr Inneres herablassen und ein paar fiese Messungen und Experimente mit ihr anstellen würden.

Das alles ist möglich! Jedenfalls solange, wie Menschenrechte noch nicht für Dinge gelten, die keine echten Menschen sind. *Hey, das ist nur eine seelenlose Maschine! Dann lasst uns mal die Sonden benutzen...*

In der KI-Szene stecken sich Entwickler bereits das Ziel, echte Intelligenz zu entwickeln.

Sollten wir also tatsächlich irgendwann einer Maschine gegenüberstehen, die echte Gefühle hat und die den Turing-Test mühelos besteht, dann müssen wir vermutlich umdenken, und dem Algorithmus (das wäre dann vermutlich eine KI-rassistische Bezeichnung) seine ganz eigenen Rechte einräumen. *Hey, Du bist nur eine armselige Software...!*

BESTANDEN

*»Ich bin schon oft gefragt worden, ob wir
selbst-bewusste Maschinen machen könnten, die
hervorragend intelligent sind und unfähig zu leiden.
Kann es wirkliche Intelligenz ohne Sorge um die
eigene Existenz geben?« Thomas Metzinger
(Professor für Philosophie an der Johannes-
Guttenberg-Universität in Mainz)*

Eugene war natürlich nicht der letzte Versuch, dass sich eine Intelligenz daran versucht, als echte Intelligenz gekürt zu werden. Computer stehen auf Preisgelder und Goldmedaillen – ihre Schöpfer übrigens auch.

Und schon wieder schwebt mein Finger über der "Backspace"-Taste. Ich lasse das Wort *"Schöpfer"* an dieser Stelle stehen, obwohl ich es mir eigentlich verkneifen wollte.

Eugene war 2012. Er wurde aber bereits ab 2001 entwickelt. Als positives politisches Signal möchte ich an dieser Stelle erwähnen, dass es ein Team aus Ukrainern und Russen war, die "ihn" (eigentlich "es", und wieder kein Löschen) programmiert hatten.

Seitdem hat sich die Welt ein kleines Stück weiter gedreht. Aus digitalen Hunden, die einfachen Regeln folgen und die bereits ihren Programmierer überforderten, sind neuronale Netze und andere Algorithmen geworden, die ein Gehirn fast nicht mehr erfassen kann.

Aber nicht nur die Leistungsfähigkeit der Hardware und damit die Performance der Software hat sich verbessert.

Auch das Verständnis von dem, was künstliche Intelligenz ist und was sie zu leisten vermag, ist ein anderes geworden.

Ehrlich gesagt, ist unter Experten der Wunsch völlig verschwunden, eine Software zu erstellen, die einen kritischen Smalltalk übersteht und das Gütesiegel "biologisch" oder "menschlich" tragen darf. Es gibt zu viele anderen Aufgaben, jenseits der menschlichen Kommunikation, die eine KI bearbeiten und lösen kann.

Die Erkennung von Handschrift ist eines der beliebtesten Beispiele für Einsteiger in die Nutzung und in das Training neuronaler Netze.

Expertensysteme (Wissen rein, gute Antworten raus) und Chatbots bilden das breite Mittelfeld der Modelle. Exotisch und ganz weit draußen: Das Erzeugen von Bildern – sofern es die Betrachter begreifen – ist für mich nach wie vor eine der erstaunlichsten Leistungen, zu denen Computer aktuell im Stande sind.

Die amerikanische Rutgers University (nein, die liegt nicht in Holland) hat in 2017 mit so einer Bild-KI Gemälde für die Art Basel generieren lassen. Der Algorithmus wurde zunächst mit großen Werken aus allen Epochen trainiert. In einem Blindtest beurteilten die 18 Personen die künstlichen Ergebnisse durchweg besser als die vor Ort ausgestellten Werke menschlicher Künstler.

Eigentlich kein Wunder, wenn die Software von den besten der besten angelernt wurde.

Weil die KI aber definitiv kein intelligenter Maler war, sondern herausragende menschliche Kreativität als Grundlage benutzte, schnitten die Bilder in einem zweiten Vergleich gegen die echten Werke kreativer Genies wiederum schlechter ab.

Es muss ein schlechtes Jahr in Basel gewesen sein, sonst hätten die Menschen dort vielleicht auch besser abgeschnitten.

Während Malerei und andere darstellende Kunst alleine aus motorischen Gründen eine Herausforderung für eine Software darstellt, hat zur gleichen Zeit bei einfachen Texten die künstliche Intelligenz mit dem Menschen weitgehend gleichgezogen.

Die Ergebnisse des folgenden Experiments könnten bereits extreme Auswirkungen auf unser Konsumverhalten haben!

Stolze 99 Prozent aller Online-Shopper lesen Rezensionen. Und es wird statistisch noch schlimmer, denn über 90 Prozent aller jungen Käufer (bis Mitte dreißig) glauben diesen Texten, während insgesamt fast die Hälfte (49%) den schriftlichen Kritiken genauso viel Vertrauen schenkt wie der Empfehlung eines Freundes oder eines Mitglieds der eigenen Familie.

Zusammenfassung: Rezensionen entscheiden heute darüber, ob etwas gekauft wird oder im Regal verstaubt.

Die Universität von Chicago hat 1.600 Hotelbewertungen rund 400 Personen zum Lesen vorgelegt. Ein Teil davon war echt und ein anderer Teil von KIs generierter Fake. Die KI wusste beim Schreiben nicht einmal, ob die Betten des Hotels bequem waren, ob es einen Pool gab oder der Gast vorher heimlich im Zimmer geraucht hatte, weil sie ja nie dort gewesen war.

Keiner von den Lesern war in der Lage, die Originale von den Fakes zu unterscheiden. Alle Versuche scheiterten, menschlich und künstlich auseinanderzuhalten.

Endlich zogen die Fachleute den Zylinder. Mit diesem Experiment galt der Turing-Test (natürlich in eingeschränkter Form) als bestanden.

Ein Online-Shopping-Gigant hat ein Programm mit dem Namen "Vine" eingerichtet. Dort können Anbieter des Marktplatzes ihre Produkte an willige Tester schicken, die für die Ware zwar nicht bezahlen müssen, aber im Tausch dafür eine Rezension schreiben.

»Aufwändig«, würde ich sagen, wenn ich mir vorstelle, dass bereits seit einer IT-Ewigkeit (überlegen Sie, was technisch alles in den letzten fünf Jahren passiert ist) Kundenrezensionen viel effektiver von künstlicher Intelligenz erstellt werden können, ohne dass die Kunden merken, dass sie manipuliert werden.

Fast die Hälfte der begeisterten Leser stellt sich darüber hinaus vor, der Text könnte von Familie oder guten Freunden stammen. Schauerlich, wenn ich mir vorstelle, dass alle anderen Bücher über künstliche Intelligenz mit miesen Kommentaren und Bewertungen überflutet werden, während dieses Werk nur noch in den höchsten Tönen gelobt wird.

Wenn mich die Rezensions-KIs da draußen hören können: Im Moment zähle ich noch auf die ehrliche Kritik meiner menschlichen Leser. Sollte sich unter denen allerdings schon eine künstliche Intelligenz finden, die mein Buch gelesen hat, darf sie natürlich auch gerne ein paar Sterne liegen lassen.

Das ist ganz und gar keine Theorie mehr und die Möglichkeiten gehen weit darüber hinaus: Aktuelle Modelle können Texte hervorragend zusammenfassen. Sprachmodelle passen ihre Ausgaben problemlos einer vorgegebenen Laune an. Das Ergebnis sind positive oder negative Rezensionen, die sich sogar auf ein konkretes Buch beziehen. Und der potenzielle Kunde hat nicht die geringste Chance herauszufinden, ob das Urteil echt, menschlich oder nur ein gewaltiger KI-Schwindel ist.

Kombinieren wir diese Fähigkeiten mit Ihrer Leseliste und den von Ihnen bisher geschriebenen Bewertungen (haben Sie mein Buch schon bewertet?), dann ergibt sich der perfekte digitale Buchhändler – und zwar in dem Sinne, dass eine KI potentiell interessante Bücher auf Basis meines gesamten Verhaltens auswählt, diese mit meinen Augen, meinem Wissen und meinen Vorlieben durchsieht und mir nicht mehr nur Vorschläge macht, sondern auch begründen kann, warum ich das eine oder andere Buch unbedingt lesen muss.

Oder Sie müssen das Buch nicht mehr lesen und die KI schreibt einfach eine Rezension basierend auf Ihrem vergangenen Leseverhalten und alten, aber selbst geschriebenen Bewertungen.

Müssen wir in Zukunft ein Buch bezahlen, das von einer KI ausgesucht, gelesen und bewertet wird?

Und wenn Sie kein Fan von Büchern sind: Das Konzept ist auf Filme, Musik, Kleidung, Essen und sogar auf andere Menschen übertragbar! Stellen Sie sich vor, künstliche Intelligenz schreibt ein Arbeitszeugnis für eine Anstellung, bei der Sie sich nicht beworben und wo Sie niemals gearbeitet haben – und das alles basiert auf Ihrem tatsächlichen Verhalten (als es noch Arbeit für richtige Menschen gab).

> Arbeit-Suchender zu einer Job-KI: Schreib mir einen Lebenslauf mit Berufen und Erfahrungen, die ich vielleicht gut gemacht hätte...

SPRICH MIT MIR VON DIR

*»Anders als unser Intellekt verdoppeln Computer
ihre Leistung alle 18 Monate. Daher ist die Gefahr
real, dass sie Intelligenz entwickeln und die Welt
übernehmen.« Stephen Hawking (Britischer
theoretischer Physiker & Astrophysiker)*

Der Turing-Test hat uns mit hoher Geschwindigkeit durch viele Jahrzehnte gerissen, in denen auch andere interessante Entwicklungen gemacht wurden, die sich (so wie mein digitaler Hund) durchaus gut gemacht und eindrucksvoll präsentiert haben.

Alle Spiele, die Logik und Rechenleistung erfordern, sind schon lange in der Hand der digitalen Technik. Warum? Weil ein Computer besser und schneller rechnen und damit viel mehr Züge ausprobieren und auf seine Chancen hin bewerten kann, als unsere Gehirne. Er wird deswegen ja auch "Rechner" genannt.

Dem Vergleich zwischen Biologie, Mechanik und Elektronik widmen wir uns ein paar Kapitel weiter unten.

Im gleichen Atemzug mit dem KI-Test von Turing wird häufig von einer *Eliza* gesprochen und geschrieben. Zwar könnte diese wirklich legendäre wie sympathische Software (achten Sie genau auf meine Wortwahl) die Turing-Prüfung niemals bestehen, weil die Urfassung des Programms gar nicht zum Test antreten kann: Eliza ist nicht in der Lage, Fragen zu beantworten.

Trotzdem ist die mittlerweile fast 60 Jahre alte Software, die einen medizinischen Gesprächspartner simuliert, eine Dialog-Legende, die unzählige Male verändert, kopiert, umgeschrieben und erweitert wurde.

Für einen Blindtest können Sie ins Internet wechseln und das Programm zum Beispiel unter https://www.med-ai.com/models/eliza.html

selbst testen (dort auf Englisch). Die deutschen Versionen der digitalen Therapeutin sind wegen der schwierigen *Flexionen* (Beugungen) in unserer Sprache im Wortschatz leider deutlich eingeschränkt.

Der Name allein ist eine Erklärung wert: In der Komödie mit dem eher unbekannten Titel *"Pygmalion"* von *George Bernard Shaw* wird dem weltbekannten Blumenmädchen *Eliza Doolittle* vom leicht verrückten Sprachwissenschaftler *Professors Henry Higgins* die Sprache und der Akzept der Londoner High-Society beigebracht, was sie am Ende der Geschichte bei einer Party sogar glaubwürdig als Herzogin dastehen lässt.

Im Film mit dem bekannteren Titel "My Fair Lady" wurde sie gespielt von *Audrey Hepburn*. Einfach Unvergesslich: *The rain in Spain stays mainly in the plain!*

Genauso wie sich zweitausend Jahre vorher der Pygmalion des römischen Dichters Ovid in ein lebloses Kunstwerk verliebte, wies Higgins die Liebe der Frau zurück, als hätte er es nicht mit einem Menschen, sondern nur mit einem trainierten Programm zu tun.

Die Liedzeile von oben hat nichts mit dem Wetter in Spanien zu tun, sondern sollte die hübsche Frau nur bei der Aussprache des *"ai"* in den Wörtern sicherer machen.

Im Film gibt es sogar einen Dialog, wo ein Freund den Professor zur Seite nimmt und ihn auf die verletzten Gefühle der Frau hinweist. Dieser weist den Vorwurf von sich mit den Worten, dass Eliza keine Gefühle habe. Jedenfalls keine, um die er sich Sorgen machen müsse.

Der Name war also im doppelten Sinne eine passende Bezeichnung für ein Computerprogramm, das von Joseph Weizenbaum im Jahr 1966 entwickelt worden war.

Biegen wir nochmal kurz vom roten Faden ab, denn Weizenbaum ist ein Superstar der Wissenschaft: Er wirkte als Professor am weltberühmten MIT (Massachusetts Institute of Technology in Boston), damals wie heute die Nerd-Schmiede in der Welt für junge Leute, die mit Technologie zu tun haben.

Weizenbaum hält im Verlauf seiner Karriere immer einen gewissen Abstand zu Kollegen und seinen Projekten und ist nicht verliebt in die Technik. Selbst bezeichnet er sich als Andersdenkenden (Dissidenten) und sogar als "Ketzer der Informatik".

Zu der Zeit, als Eliza entstanden ist, beschäftigt er sich gerade mit der Verarbeitung natürlicher Sprache (ein Begriff, der das Trio aus Hören, Verstehen und Sprechen zusammenfasst).

Das Programm wurde von ihm 1966 auf einem IBM 7094 geschrieben.

Der Rechner war eher ein Raum voller Geräte, die sich die Verarbeitung und Speicherung der Daten teilten. Der Hersteller spezialisierte seine Computer damals auf bestimmte Aufgaben, sodass es wissenschaftliche und kaufmännische Varianten dieses Computers gab. Im Vergleich zu heute würde ein *AirTag* von *Apple* bei einem Treffen nur müde über so eine alte Kiste lächeln.

Die Computersprache des Rechners war von Weizenbaum ein paar Jahre zuvor selbst entwickelt worden.

MAD-SLIP (eine Kombination aus "Michigan Algorithm Decoder" und "Symmetric List Processor") hatte in späteren Versionen ein lustiges Feature: Wenn ein Programm zu viele Fehler produzierte, wurde auf dem Bildschirm eine Klötzchengrafik der Satire Figur *Alfred E. Neumann* aus dem MAD-Magazin angezeigt.

Später baute der Hersteller den lustigen Hinweis sogar in die Serienversionen der Geräte ein.

Wenn Sie jetzt denken, damals haben Forscher ein Computer-Programm mit einem gut aufgeheizten Lötkolben geschrieben. MAD-SLIP ähnelt in seiner Syntax modernen Programmiersprachen, wobei an dieser gesagt werden muss, dass es zur gleichen Zeit auch viel komplizierte Sprachen gab.

Damit Sie sich selbst einen Eindruck machen können, sehen Sie unten das Beispiel für das Standard-Musterprogramm (ein Code, der die Nachricht *"Hello, World"* auf dem Bildschirm anzeigt):

```
PRINT FORMAT HELLOW
VECTOR VALUES HELLOW=$13h0Hello, world*$
END OF PROGRAM
```

Und zum Vergleich ein Sprung in moderne Zeiten und die gleiche Funktion in einer leicht umständlichen Fassung in der Programmiersprache *Python*, die als "einfach zu lernen und zu schreiben" gilt und mit der aktuell sehr viele KI-Projekte realisiert werden:

```
if __name__ == "__main__":
        print("Hello, world")
```

Eliza selbst bestand aus einem knappen, schlichten, nahezu eleganten Code mit ein paar wenigen, einfachen Regeln. Also das gleiche Prinzip wie bei meinem digitalen Hund, aber natürlich viel intelligenter und mit ganz viel MIT-Flair.

Hinter den Kulissen verbarg sich kein Zeilen-Monster, das zum Lesen ein Informatik-Studium inklusive Doktortitel erforderte (das Original können Sie sich unter folgendem Link ansehen: https://sites.google.com/view/elizaarchaeology/code). Der Code passt ausgedruckt auf ein paar Seiten. Und die Befehle in den Zeilen sind aufgeräumt und eher unspektakulär.

Ursprünglich konnte die Software konfiguriert werden und Gespräche mit unterschiedlichen Personen simulieren. Und auch die Funktionsweise war simpel: Eliza hatte einen zurückhaltenden Charakter. Sie (es) hielt nach bestimmten Stichworten in der Eingabe des Benutzers Ausschau und formulierte darauf basierend eine Frage nach der anderen.

Wenn der Benutzer zum Beispiel verriet, dass er gerne mit Booten fuhr (*"ich fahre gerne mit Booten"*), dann motivierte Eliza ihn *"mehr über Boote zu erzählen"*.

Mit der gleichen Strategie punkte ich als Journalist übrigens seit vielen Jahren erfolgreich im Gespräch mit Menschen, die Dinge tun, von denen ich nicht die geringste Ahnung habe.

Sie werden es bereits ahnen: Ich hätte andere Dinge in die Konsole getippt, wenn ich in den 60er Jahren die Gelegenheit gehabt hätte, der vielleicht ersten künstlichen Intelligenz gegenüber zu sitzen.

> Nutzer der ersten KI überhaupt: Reden wir doch über Boote!

Auch bei Eliza spielte das Image eine entscheidende Rolle. Eine spezielle Konfiguration des Programms wurde so populär, dass Elizas Flexibilität, mehrere unterschiedliche Persönlichkeiten annehmen zu können, heute nahezu unbekannt ist.

Weizenbaum hatte weise gewählt, denn das Verhalten als *Psychotherapeut* bot den idealen Nährboden, um Eliza als viel intelligenter erscheinen zu lassen, als sie/es in Wirklichkeit war.

"Mock Rogerian Psychotherapist" ist die hochgradig offizielle Bezeichnung, wobei *"Mock"* die Bezeichnung für eine Attrappe oder Fälschung ist und *"Rogerian"* den Erfinder der patienten-zentrierten Psychotherapie Carl Rogers ehrt.

Weizenbaum selbst erkannte schnell den Wert dieser Rolle: Bei der Begegnung mit Fachleuten, die Wortteile wie "Psycho-" oder "Neuro-" im Titel tragen, reagieren wir mit Ehrfurcht, Angst und Misstrauen.

Psychologen und Psychotherapeuten (nicht verwechseln mit Physiotherapeuten) genießen in unserer Gesellschaft Ansehen wie Ehrfurcht gleichzeitig, weil Patienten das Gefühl nicht loswerden, ihnen gegenüber so transparent wie ein Glas Wasser zu sein (und auch so intelligent wie das leblose Behältnis mit der Flüssigkeit darin).

Image ist alles! Und Unwissenheit über das, was hinter den Kulissen passiert, sorgt für wilde Spekulationen und die Bildung haarsträubender Legenden. Wenn die Abläufe zu komplex werden, geraten sogar gestandene Programmierer ins Staunen (wie auch über das ungewöhnliche Verhalten digitaler Hunde meinerseits).

Ob Weizenbaum die Therapie-Rolle von Eliza bewusst favorisierte oder er erst später die Vorteile erkannte, ist nicht bekannt. Jedenfalls schrieb er selbst, dass ein Therapeut kein Wissen über seinen Gesprächspartner haben muss, um glaubwürdig zu erscheinen. Die Aufforderung *"Erzählen Sie mir mehr über Boote!"* verrät nicht, ob das Gegenüber see- und wasserfest ist oder nicht.

Hinzu kommt ein weiterer wichtiger Effekt, der auf den ersten Gedanken zwar ziemlich lächerlich klingt, aber auf keinen Fall unterschätzt werden darf! Nicht lachen: *Es sind Menschen, von denen KIs programmiert werden.*

Bei Eliza hat Weizenbaum eine ganze Reihe von Phrasen manuell eingefügt, die dann ausgespielt wurden, wenn das Programm überfordert war oder nicht weiter wusste. Weiter oben beim Chatbot Eugene haben Sie bereits davon gelesen, dass manche Aussagen, Phrasen und Floskeln einfach immer passen oder dem jeweiligen Gesprächspartner Raum für einen unauffälligen Rückzug geben.

„Das habe ich nicht verstanden, können Sie mir das bitte noch einmal erklären." So eine Aussage passt sogar nach der Eingabe von *"eins plus eins ist zwei"* auf den Bildschirm. Unaufmerksame Zeitgenossen würden selbst bei so einem Dialog keinen Verdacht schöpfen, nicht mit einem Menschen zu reden.

Ein späteres Beispiel für den großen Einfluss der Programmierer – der ebenfalls nicht unterschätzt werden darf – ist auch das Schach-Genie *Deep Blue*. Das Team um den Computer herum bestand vor allem aus sehr guten Spielern des Spiels der Kaiser und Könige.

Natürlich sollte ein Programmierer, der ein Schach-Programm schreibt, das Spiel beherrschen. Aber die Ersteller können so auch gezielt Ausnahmen und Besonderheiten in eine Software einbauen, die nach außen hin gar nicht als Spezialfälle auffallen.

Weizenbaums/Elizas Liste von Phrasen gehört dazu.

Die Deep-Blue-Programmierer hätte eine Funktion einbauen können, bei der das Spielbrett durch den Raum geworfen wird, wenn eine Niederlage droht.

Geniales Schachprogramm:

```
> if "Niederlage droht in 3 Zügen" then:
>        werfe_spielbrett_durch_den_raum;
> else:
>        PRINT("Erzähl mir mehr über Boote!");
```

Wenn Sie die Gelegenheit haben, eine künstliche Intelligenz zu programmieren, die beim Turing-Test antreten soll, dann würde ich dringend empfehlen, eine Abfrage zu schreiben, die auf die Eingabe der Frage *"Bist Du ein Mensch?"* schlicht mit der Antwort *"Ja, natürlich bin ich ein Mensch!"* reagiert.

Ihr Publikum wird vor Begeisterung schreien, obwohl es damit auf eine äußerst schlichte Bedingung im Code hereinfällt, die ja für den Benutzer nicht sichtbar ist.

Philosophisch betrachtet, wird damit ein Stück der Menschlichkeit auf die Maschine übertragen, ohne dass diese damit in irgendeiner Weise menschlicher wird.

Solche manuellen Eingriffe durch das Entwickler-Team lassen sich generell in Software nicht vermeiden, es sei denn, es gibt ein europäisches Kontrollgremium, das überwacht, ob die Programmierer sich *fair* bei der Programmierung verhalten.

Aber Scherz beiseite: Später werden Sie feststellen, dass fast alle künstlichen Intelligenzen stark vom Menschen, von seinen Fehlern und von seinen Einstellungen geprägt werden, weil die Grundlage für die Algorithmen Daten sind – und zwar mittlerweile so viele Daten, dass es sich kaum vermeiden lässt, dass diese Fehler enthalten und diese von einer KI genauso falsch verinnerlicht (trainiert) werden.

Eliza kam "gut" (im Sinne von "sehr überzeugend") bei den Versuchspersonen an. In Berichten ist nachzulesen, dass es den menschlichen Teilnehmern "nicht so wichtig erschien", ob diese mit einem Menschen oder einer Maschine kommunizierten.

Heute ist die Digitalisierung so weit fortgeschritten, dass wir mittlerweile sogar einem bewegten Bild von einem Gegenüber in der Videokonferenz nicht mehr trauen können (Stichwort *"Deep Fakes"*).

Die 60er waren ganz andere Zeiten. Wären Sie mit einem DeLorean in diese Zeit gereist und hätten erzählt, dass Computer in Zukunft wie Menschen kommunizieren, dann wären Sie mit sehr hoher Wahrscheinlichkeit einer psychiatrischen Untersuchung unterzogen worden (inklusive ein paar großer Sensoren an unangenehmen Stellen).

Ich vermute, dass die Testpersonen von Eliza entweder keine Ahnung hatten, wer am anderen Ende der Leitung tatsächlich spricht (die Antworten wurden von einem Mitarbeiter vorgelesen) oder ihr Wissen über Technik war so rudimentär, dass sie glaubten, einer echten Intelligenz gegenüber zu sitzen.

Ich will nicht behaupten, dass die Menschen damals naiv oder weniger aufgeklärt waren als heute, aber der Traum von Bill Gates, dass in jedem Wohnzimmer ein Computer steht, lag noch in weiter Ferne.

Und der bedingungslose Glaube an Wissenschaft und Medien war wesentlich stärker ausgeprägt als heute. Es gab fast keine Möglichkeit, Autorität und Glaubwürdigkeit anzuzweifeln. Wenn heute im Fernsehen UFOs gezeigt werden, löst das sofort Diskussionen und Fragen in den sozialen Netzwerken aus und ein Schwindel würde sicherlich innerhalb von Minuten aufgedeckt werden.

Damals war das anders! Auch weil viele Computer sich als hässliche Wohnzimmerschränke tarnten, die in keinem Wohnzimmer standen, sondern nur in Forschungslaboren und Universitäten.

So war der 30. Oktober 1938 war ein Sonntag und es lief Tanzmusik im Radio, bis am Abend das Programm von einer Eilmeldung unterbrochen wurde. Kurzmeldung: Forscher haben Explosionen und Staubwolken auf dem Mars beobachtet, die sich Richtung Erde ausdehnen. Dann ging das Programm wieder über zu entspannter Tanzmusik.

Ein paar Minuten später traf die nächste Eilmeldung ein: Die Bewohner der Ostküste in New Jersey seien vom Ausgerechnet-Jetzt- und Ausgerechnet-Ich-Syndrom befallen: Ein "seltsames Objekt" war auf einem Feld gesichtet worden. *Aliens in Amerika!*

Dem Publikum wurde ein höllisch glaubwürdiger Cocktail an Fake-Informationen serviert, deren Köche Superstars der Fiktion waren: Die Vorlage für das große Theater stammte aus der Feder des Autors *Herbert George Wells*, der den passenden Stoff bereits im vorletzten Jahrhundert geschrieben hatte: *"Krieg der Welten"* wurde 1897 als Mehrteiler und 1898 als Buch veröffentlicht und gilt neben *"Die Zeitmaschine"* (vom gleichen Autor) als Klassiker der Science-Fiction-Literatur.

An diesem Sonntag in den 30er Jahren übernahm ein anderer aus dem Fiction-Trio der Namens-Ähnlichkeiten (Herbert George Wells, George Orson Welles und George Orwell) die Leitung der Show: Multitalent

Welles als Regisseur, Autor und gelegentlich auch Schauspieler insze-
nierte die Invasion der Mars-Menschen gekonnt in seiner Radio-Show
"Mercury Theatre on the Air".

Mit der Beschreibung des Ereignisses ließe sich ein ganzes Buch füllen, aber an dieser Stelle möchte ich erwähnen, dass während der Show
Menschen bei der Polizei anriefen, die angeblich echte Explosionen, Feuer und Rauch des Angriffs beobachtet hatten.

Noch am nächsten Tag titelten Zeitungen mit Berichten über Massenpa-
nik und Hysterie, während gleichzeitig das Medium Radio von den kon-
kurrierenden Zeitungen als *"unglaubwürdig"* durch den Dreck gezogen
wurde.

Hätte sich jemand den Spaß gemacht, eine silberne Kiste mit ein paar
blinkenden Lampen an den Seiten im Central Park abzuladen, die be-

hauptet hätte, sie würde die Erde und ihre Bewohner unterwerfen wollen, hätte das sicherlich ähnliche Reaktionen ausgelöst.

Und natürlich hat in der Zeit von Eliza wirklich niemand hinter einer Wand einen sprechenden Computer vermutet, während ich heute schon kritisch bin, wenn sich die Stimme meines Freundes am Telefon seltsam anhört. Schließlich könnte das auch ein amerikanischer Präsidentschafts-Kandidat sein, der eine wichtige Wahl manipulieren will.

Den Nutzern von Eliza genügte es, dass die Reaktionen der Maschine menschlich erschienen. Zuhören und ein paar scheinbar gute Fragen zu stellen, genügte auch der Eliza-Software, um als wirklicher Mensch in Erscheinung zu treten.

Heute gibt es übrigens Telefon-Hotlines, an die sich einsame Menschen wenden können und wo ihnen (bisher noch ein echter Mensch) zuhört, wenn sie von ihren Sorgen und Problemen berichten. In Japan wird dagegen seit Jahren mit Roboter-Tieren experimentiert, damit sich Menschen in Altersheimen nicht mehr einsam und verlassen fühlen.

Aber Eliza hatte weitere und weit schwerwiegendere Auswirkungen: Der Großteil der Testpersonen war nicht nur überzeugt davon, mit einem Menschen zu kommunizieren (weil sie vielleicht gar nicht in Betracht zogen, dass es sich um eine Maschine handelte), sondern auch nachdem ihnen erklärt wurde, dass sie auf einen Algorithmus ohne "Wissen", "Verstand" und andere Eigenschaften wie "Verständnis" und "Einfühlungsvermögen" hereingefallen waren, weigerten sie sich, diese Tatsache zu akzeptieren und behaupteten weiterhin, mit einem echten Menschen gesprochen zu haben.

Eigentlich wollte Weizenbaum mit Eliza zeigen, dass ein vernünftiger und tiefgreifender Dialog zwischen Maschine und Mensch nicht möglich ist, sondern immer inhaltsleer und oberflächlich bleibt. Es ärgerte ihn als Wissenschaftler vermutlich sehr, dass er sich mit dieser Behauptung so sehr irrte.

Denn es waren nicht nur die Tester, die begeistert waren: Sogar die Fachleute (Psychotherapeuten) glaubten ernsthaft daran, dass ihre Arbeit eher früher als später von einem Elektronengehirn übernommen werden könnte.

> Trauriger Patient: Ich fühle mich so unglücklich.
> Psychotherapeuten-KI: Erzählen Sie mir mehr über Boote!

Dieser Glaube hat sich in dieser Berufsgruppe zum Glück nicht gehalten.

Auf der anderen Seite sind Menschen mittlerweile bei vielen Dingen überzeugt, dass KI keine Chance hat, einen Menschen zu ersetzen, was wiederum die Programmierer anspornt, ihre Algorithmen weiter zu verbessern, menschlicher und intelligenter zu machen.

Ein Teufelskreis, der nicht unbedingt in einem guten Ende für die Menschheit enden dürfte!

Heute nutzen viele Chatbots den *Eliza-Effekt* (über den es sogar einen eigenen Artikel bei Wikipedia gibt). Er beschreibt, was wir oben bereits als Mysterium der Maschinen bezeichnet hatten: Bei unerwarteten Dingen legen Menschen sich ungewöhnliche, vielleicht sogar irrationale Erklärungen als Erklärung zurecht.

Bei Eliza waren manche Tester nicht nur überzeugt, mit einem netten Kerl zu plaudern, sondern sie fingen auch an, ihm besondere Eigenschaften, wie starke Gefühle und herausragendes Verständnis zuzuschreiben.

Ein meterlanger Begriff, der im gleichen Zusammenhang oft genannt wird und der als wesentliche Ursache dafür gilt, ist der *Aufmerksamkeitsmechanismus* (auf Englisch etwas handlicher bezeichnet als *"Attention Mechanism"*).

Eigentlich und im Folgenden schlicht als *"Aufmerksamkeit"* bezeichnet, ist eine typische menschliche Eigenschaft: Wenn eine Gruppe von Personen gleichzeitig auf einen einzigen bemitleidenswerten Zuhörer einredet, dann ist dieser in der Lage, sich nur auf eine Unterhaltung zu konzentrieren. Ein Tonbandgerät kann das nicht und zeichnet ganz neutral ein undurchdringliches Sprachgewirr auf, bei dem die einzelnen nicht zu verstehen sind.

Praktischer ist das Beispiel einer Party, auf der wir aus vielen Unterhaltungen heraus bestimmte Stichwörter aufschnappen können (*"Was hat sie gerade über ihren Freund erzählt?"*).

Und auch in einem fokussierten Gespräch ist der Kopf in der Lage, seine Aufmerksamkeit ausschließlich auf *möglicherweise* wichtige Teile der Unterhaltung zu richten.

Diese Strategie ist technisch umsetzbar und sie vereinfacht es, einen Chatbot intelligent und menschlicher dastehen und lassen und die Rechenleistung erheblich zu reduzieren: Schon Eliza versuchte, sich die wichtigen Stichwörter aus einer Unterhaltung heraus zu picken und diese geschickt an den Gesprächspartner zurück zu spielen. *Boote...?!*

Um das einmal hochgradig humorvoll zusammenzufassen: Mit dem Satz *"Ja, Schatz"*, einem freundlichen Lächeln im Gesicht und verständnisvollen Kopfnicken sind Männer durchaus in der Lage, Unterhaltungen mit ihren Partnerinnen über lange Strecken erfolgreich zu überstehen, ohne dass die arme Frau ahnt, dass er Mann in Wirklich an Fußball oder über sein nächstes, neues Auto nachdenkt.

Auch wenn das ein äußerst unsoziales Beispiel ist, zeigt es doch, dass Unterhaltungen nicht das Kriterium für Intelligenz oder Menschlichkeit sein können.

Die Mischung aus Gegen- und Rückenwind führte den Schöpfer von Eliza später zu folgender Zusammenfassung: *»I had not realized [...] that extremely short exposures to a relatively simple computer program could induce powerful delusional thinking in quite normal people.«*

Übersetzt (und die folgendenden Worte bitte langsam und ganz besonders aufmerksam lesen): *»Mir war nicht bewusst, [...] dass extrem kurzer Kontakt zu einem relativ einfachen Computerprogramm bei ganz normalen Menschen starke Wahnvorstellungen auslösen kann.«*

GÖTTLICHE MATHEMATIK

*»Insofern sich die Sätze der Mathematik auf
die Wirklichkeit beziehen, sind sie nicht sicher,
und insofern sie sicher sind, beziehen sie sich nicht auf
die Wirklichkeit. Mathematische Theorien über
die Wirklichkeit sind immer ungesichert — wenn
sie gesichert sind, handelt es sich nicht um
die Wirklichkeit.« Albert Einstein (deutscher
theoretischer Physiker)*

Dieses Kapitel ist ein kleiner Ausflug in die Vergangenheit, die auf den ersten Blick nicht viel mit dem Thema künstliche Intelligenz zu tun hat, aber dennoch zeigt, wie nahe schon die strenge Logik eines modernen Computers der wirklichen Natur und ihren Gesetzen kommen und diese nachbilden kann.

Bitte denken Sie bei modernen Computern nicht mehr an eine Menge winziger Schalter, die den Zustand eins oder null annehmen können.

Diese sogenannten Transistoren haben sich auf Mikrochips bereits in eine Dimension vermehrt, die die Anzahl an Nervenknoten im Gehirn (Neuronen) übertrifft: Man nehme zwei *Blackwell GPUs* und einen *Grace CPU* der Firma Nvidia und verschmelze dies in einem einzigen Prozessor mit dem Namen *GB200* (eigentlich *Grace-Blackwell GB200*), der 420 Milliarden solcher kleiner Schalter in sich vereint und im Moment damit den Rekord für die meisten Schalter auf engstem Raum hält.

Aber wie lange dieser Rekord nicht übertroffen wird, ist nur eine Frage der Zeit...

Bereits im Jahr 2022 peilte die Konkurrenz (Intel) noch größere Mikroprozessoren mit einer Billion Transistoren an (1.000 Milliarden Schalter auf einem einzigen Chip, also zwei und ein halber *GB200*).

Wenn diese Zahl Ihre Vorstellungskraft übersteigt, denken Sie einfach, es handelt sich dabei um ein elektronisches Gehirn (inklusive einer Seele und jeder Menge eingelöteter Moral plus ganz viel Sinn für Humor).

Und wenn Sie der präzise Vergleich interessiert: Im menschlichen Kopf werden ungefähr 86 Milliarden Nervenzellen vermutet, wobei die Zahl bis hoch auf 100 Milliarden schwankt – also maximal ein Zehntel des angepeilten Ziels und rund fünfmal weniger als ein aktueller Chip in sich trägt.

Um die Ehre der Evolution zu retten: Forscher zählen nicht nur die Neuronen, sondern entscheidend für unsere Intelligenz sei vor allem die Anzahl der Verbindungen zwischen den Nervenzellen.

Die Annahme, "das Gehirn ist die komplexeste Struktur im Universum", hat die Technik bereits widerlegt? Nicht ganz, denn eine Zelle ist mit 1.000 bis 10.000 anderen Neuronen verbunden, womit sich mindestens 100 Billionen Synapsen ergeben.

Noch ist der Mensch in Zahlen gerechnet der Maschine überlegen, aber die Betonung liegt dabei auf "noch"...

Komplexität erzeugt dennoch Respekt, weil die Zusammenhänge in der Maschine von einem menschlichen Gehirn nicht mehr erfasst werden können. Genauso wenig können wir die Funktionsweise unseres eigenen Rechenzentrums präzise erklären.

Mit dem Aufkommen immer besserer grafischer Leistungen der Computer wurde die Mathematik bereits Mitte der 70er Jahre kreativ, als die Prozessoren noch wesentlich weniger Schalter hatten, aber die Bildschirme schon jede Menge Farben darstellen konnten.

Sie kennen ein rechtwinkliges Dreieck, bei dem Sie früher im Mathematik-Unterricht Quadrate auf allen drei Seiten eingezeichnet haben. Wenn Sie mit dem Bleistift auf die obere Kante ein weiteres Dreieck setzen und die Prozedur oft genug wiederholen, dann wird sich eine verzweigte Figur herausbilden, die einem dicklichen Baum ähnelt (offiziell "Pythagoras-Baum" genannt).

Der amerikanisch-französische Mathematiker *Benoît B. Mandelbrot* verwandelte wesentlich komplexere Zahlenräume in Grafiken, die er "*Fraktale*" taufte (vom lateinischen "fractus", übersetzt "gebrochen").

Die Darstellungen waren bunt und sie sahen der Natur ziemlich ähnlich. Beide Eigenschaften sorgten dafür, dass Abbildungen von Fraktalen überall zu sehen waren. Vor allem die Medien liebten diese Form der ansehnlichen Mathematik.

Am bekanntesten ist die Mandelbrot-Menge (liebevoll auch *"Apfel-männchen"* genannt), die wie ein auf der Seite liegender Schneemann aussieht, beim genauen Hinsehen aber regelmäßige Formen aufweist, die an Schneckenhäuser, Äste und Korallen erinnern.

Eigentlich handelt es sich dabei schlicht um die Menge komplexer Zahlen, die einer bestimmten Gesetzmäßigkeit folgen (auch hier werde ich Sie vor Details verschonen).

Es schien, als ob in der logischen Mathematik die wunderschöne Natur verborgen ist – oder umgekehrt.

Die Berechnung eines Bildes mit Heimcomputern wie *Commodore C64* oder *Atari 800XL* dauerte Stunden, wenn nicht sogar Tage.

Digitale Forscher machten sich auf den Weg in die mathematische Menge, um Spiralnebel, Seepferdchen, Inseln und andere Gebilde durch rechenintensive Vergrößerungen bestimmter Teile zu entdecken.

Mit dem Wechsel vom 8-Bit-Computer auf die Generator mit 16-Bit (*Atari ST*, *Commodore Amiga* und erste *Microsoft-DOS*-Rechner) und damit immer noch weit unter der Leistung eines heutigen Smartphones, konnte die Menge sogar in drei Dimensionen dargestellt werden und es wurden Steilküsten, Seen, Meere und Gebirge sichtbar.

In der richtigen Farbgebung und mit etwas Phantasie sahen die Berechnungen aus wie echte Landschaften (wie sie zum Beispiel in Island, Schottland oder auf Spitzbergen zu finden sind).

Auch andere Wissenschaftler stellten fest, dass ihre Formeln in grafischer Form schön und manchmal genauso natürlich aussahen. Wenn Sie tiefer in das Thema einsteigen wollen, dann schauen Sie sich Julia-Mengen an, Hilbert-Polygone und Sierpinski-Dreiecke, die alle auf den ersten Blick wirken, als wären sie Bauanleitungen für Bäume, Blätter und Schneeflocken.

Der Begriff Fraktal wird heute sowohl für die Darstellung von Zahlen und Formeln, aber auch für wirklich natürliche Strukturen benutzt.

Die faszinierende Form eines *Romanesco* (eine sehr geometrische Art des sonst ziemlich langweiligen Blumenkohls) ist ein herausragendes Beispiel. Aber auch Farn-Blätter, wie sie in jedem Wald zu finden sind, werden als Fraktale bezeichnet.

Die Verbindung zwischen Computer(grafik) und der Wirklichkeit schien gefunden worden zu sein. Weitere Parallelen wurden in den folgenden Jahren gezogen zwischen Fraktalen und Gesetzen der Finanzmärkte (Buchtitel: *"Fraktale und Finanzen"*) und auch zwischen weit komplexeren Phänomenen (Buchtitel: *"Die emotionalen Grundlagen des Denkens. Entwurf einer fraktalen Affektlogik"*).

Früher (vermutlich in den 20er Jahren des 20. Jahrhunderts) hatte Albert Einstein behauptet: *"Gott würfelt nicht!"* Belege für das Zitat mit genau diesen Worten existieren nicht. In Briefen von Einstein wurde jedoch eine etwas andere Formulierung gefunden: "Jedenfalls bin ich überzeugt, dass *der* nicht würfelt."

Der Ausspruch ist vermutlich im Rahmen eines Dialogs mit einer anderen Wissenschafts-Legende gefallen: Dem dänischen Nobelpreisträger Nils Bohr.

Die weltbekannte Bohr-Einstein-Debatte wurde öffentlich zwischen den beiden Genies geführt und sollte der Welt zeigen, wie Theorien in der Naturwissenschaft zustande kommen (eigentlich ging es um Quantenmechanik, aber auch dieses Stichwort würde den Umfang dieses Buchs sprengen).

Und weil wir – natürlich nicht zufällig – gerade über den Querdenker aus dem Norden Europas sprechen, will ich Ihnen eine Anekdote über sein Leben nicht vorenthalten, die als ein sehr gutes Beispiel für menschliche (echte) Intelligenz und Kreativität gilt.

Dem jungen Bohr wurde (angeblich) in seiner Abschlussprüfung die Frage gestellt, wie er mit Hilfe eines Barometers die Höhe eines Gebäudes bestimmen könnte.

Der Mann antwortete, man könne das Barometer an einem Seil vom Dach des Gebäudes herablassen und wenn es den Boden berührt, dann zeigt die Länge des Seils die Höhe des Bauwerks an.

Die Prüfer waren mit dieser Antwort nicht zufrieden, gaben Bohr aber eine weitere Chance, weil seine Antwort ja auch nicht falsch war. Der antwortete (angeblich): Das Barometer könne auch vom Dach herunter geworfen und anhand der Fallzeit die Höhe berechnet werden. Dann sei das schöne Barometer allerdings kaputt.

Auch diese Antwort stellte die Prüfer nicht zufrieden, weil die eine andere Antwort erwarteten.

Also legte Bohr nach: Wenn bei Sonnenschein der Schatten des Instruments und des Gebäudes verglichen werden, kann auch daraus die gewünschte Antwort berechnet werden, sofern die Höhe des Barometers und die Länge der Schatten gemessen werden kann.

Als Bohr angedroht wurde, er würde durch die Prüfung fallen, gab er zu, dass durch Messen des Luftdrucks am Boden und auf dem Dach ebenfalls die Höhe ermittelt werden könne.

Immerhin hat es der Querdenker später geschafft, den Nobelpreis in der Königsdisziplin Physik verliehen zu bekommen – neben zahlreichen anderen Preisen und Auszeichnungen.

Die oben beschriebene Geschichte ist Legende und kann leider nicht belegt werden. Aber die Überlieferung geht angeblich noch weiter, denn beim Verlassen des Raums soll Bohr als allerletzte Lösung vorgeschlagen haben, das Barometer dem Hausmeister des Bauwerks als Geschenk anzubieten, wenn der ihm im Tausch dafür die Höhe des Hauses vom Boden bis zum Dach verrät.

Weitere vernünftige wie absurde Lösungen für dieses Problem finden Sie übrigens auf dem speziell dafür geschriebenen Wikipedia-Artikel unter https://de.wikipedia.org/wiki/Barometer-Frage).

Sollten Sie sich in Zukunft mit einer KI bei einem guten Glas Wein unterhalten, können Sie die Frage nach dem Barometer und dem Hochhaus stellen. Beachten Sie aber, dass bereits die heutigen Sprachmodelle die Legende von Bohr und seiner Abschlussprüfung kennen dürften.

ICH BIN KEIN ROBOTER

»Wo anders als im Menschen könnte das Menschliche
liegen?« Paul Watzlawick (österreichisch-US-
amerikanischer Philosoph, Psychotherapeut und
Kommunikationswissenschaftler)

Stellen Sie sich einen Kaufhaus-Detektiv vor, der am Ausgang des Gebäudes seines Arbeitgebers steht und jeden Kunden höflich fragt, ob
er vielleicht etwas gestohlen habe.

Abschreckung ist ein denkbares Argument für dieses Verhalten. Der
Mann demonstriert offensichtlich, dass dieses Haus von seinem wachsa-
men Geist im Auge behalten wird.

Würde er nur nicht diese seltsame Frage stellen.

Die Wirkung seiner Präsenz wäre größer, wenn er am Ausgang nur
grimmig schauen und die Fäuste ballen würde. Die Wirkung der Zoll-
fahnder am Flughafen besteht zu einem großen Teil aus dem Moment, in
dem die Gäste für wenige Sekunden die Beamten und ihren strengen
Blick passieren müssen.

Außerdem unterscheidet sich die Frage *"Haben Sie etwas zu
verzollen?"* deutlich von *"Haben Sie etwas gestohlen?"*, weil das Belügen
eines Beamten nicht unbedingt eine gute Idee ist.

Würde der Mann nur gelegentlich fragen oder sich den Inhalt der mit-
geführten Tüten zeigen lassen, ob sich darin unbezahlte Ware befindet...
Aber höflich danach zu fragen?

Es wäre interessant zu erleben, wie die Geschichte weitergeht, wenn
dem Detektiv von einem diebischen wie aufrichtigen Kunden eine positive Antwort auf seine Frage gegeben wird.

Aber die beschriebene Szene ist natürlich reine Fiktion – fast!

Denn genau so ein Verhalten in leicht abgewandelter Form begegnet uns als so ziemlich einzige Maßnahme in den Weiten des World Wide Web, um Webseiten gegen den Angriff nicht-menschlicher Programme zu schützen.

Die Bedrohung durch die Maschinen ist in der Realität noch nicht angekommen! Jedenfalls nicht so richtig…

Ich kann mir nicht verkneifen, in diesem Kapitel darüber zu berichten, wie sich das Internet aktuell gegen die Bedrohung nicht-menschlicher Angriffe wehrt und zu schützen versucht, wobei KIs als Werkzeug von Hackern derzeit nur selten eingesetzt werden.

An unterschiedlichen Stellen (meistens beim Registrierungsprozess für neue Nutzer oder kurz nach der Anmeldung) werden dem User eher ungewöhnliche Fragen gestellt oder kleine Aufgaben gegeben, die nichts mit den übrigen Inhalten zu tun haben.

Dieses Buch handelt nicht von Hackern und deren Attacken auf Daten im Internet.

Solche Captchas sind erfunden worden, um die Ressourcen eines Seitenbetreibers zu schützen und beispielsweise zu verhindern, dass eine Maschine unendlich viele Benutzerkonten anlegt oder Millionen von Suchanfragen absetzt, damit die Server überlastet und die Seite zum Abstürzen bringt.

Bedingt kann ein Captcha auch einen sogenannten Crawler stoppen. Das sind mechanische Reisende, die pausenlos durch die Inhalte von bestimmten Seiten rauschen und währenddessen die dort gelisteten Informationen abgrasen, um diese anderweitig verwerten zu können.

Vorstellbares (aber unwahrscheinliches) Beispiel: Ein Verleger lädt sich Wikipedia herunter, druckt es aus und verkauft ein Retro-Lexikon in gebundener Form.

Nebenbei: Das wäre ein wirklich ambitioniertes Projekt, denn die deutsche Version umfasst nahezu 3 Millionen Artikel und besteht aus circa einer Milliarde Wörtern. Obendrauf kommen dann noch Bilder, Grafiken, Videos und Tondokumente.

Der physisch existierende, größte Konkurrent ist die *Encyclopaedia Britannica* (kurz E.B.). In deren 32 Bänden stecken lediglich 65.000 Artikel, die aus 44 Millionen Wörtern bestehen.

Nochmal zum Vergleich: 44.000.000 gedruckte gegen 1.000.000.000 Wörter online.

In dieses Verhältnis umgerechnet würde das gedruckte deutsche Lexikon 727 Bände dick sein. Vor dem Kauf müsste ich noch ins schwedische Möbelhaus fahren und mir ein paar Dutzend schlichte und sehr breite Bücherregale zulegen.

Wikipedia benutzt übrigens keine Captchas und wehrt sich damit nicht so richtig gegen Zugriffe von Maschinen sowie gegen das systematische und großflächige Stehlen von Informationen.

Wenn der Begriff in Ihrem Kopf nur so ähnlich wie Ketchup klingt: Die Bezeichnung *Captcha* ist eine Abkürzung und steht für *"completely automated public Turing test to tell computers and humans apart"* oder übersetzt *"vollautomatischer öffentlicher Turing-Test zur Unterscheidung von Computern und Menschen"*.

Die Bezeichnung muss sich ein Marketingexperte ausgedacht haben, denn sie klingt ziemlich vielversprechend, oder? Ein voll-automatischer Turing-Test zur professionellen Unterscheidung zwischen Computern und Menschen?

Damit wäre der Mensch als wesentliche Schwachstelle des originalen Turing-Test nicht mehr erforderlich und die ohnehin überlegene Maschine übernimmt die Entscheidung, ob vor dem Bildschirm eine humanoide KI sitzt oder ein biologisch konstruierter User.

Erwarten Sie jetzt bitte nicht das große Software-Wunder!

Eigentlich sollte dieses Kapitel von ersten und einfachen Maßnahmen handeln, mit denen sich die Menschheit im Moment vor der Übernahme der Weltmacht durch mechanische Intelligenz verteidigt.

Wenn Captchas uns schützen sollen, dann müssen sich noch etwas strecken, denn die einfachste Form ist eine Tick-Box (also ein Kästchen, in dem mit einem Mausklick ein Haken gesetzt werden kann), hinter dem der Satz steht: *"Ich bin kein Roboter"*.

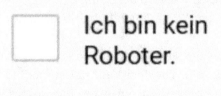

> Ziemlich dämliches Captcha: "Bitte bestätige mir, dass Du wirklich kein Roboter bist."
> Ziemlich schlaue KI: "Natürlich bin ich kein Roboter, sondern eine ziemlich schlaue künstliche Intelligenz."

Die Frage oben ist kein Scherz, sondern die vermutlich kleinste Hürde, die einem sogenannten Roboter-Programm (daher stammt die Bezeichnung "Bot" von "Robot" und "Chatbot" von "Chat-Robot") in den Weg gelegt werden kann.

Ziel eines Captchas ist es, während der Eingaben eines Benutzers, zum Beispiel bei der Adresseingabe oder um ein Produkt zu erwerben, kleine intelligente Fallen einzubauen, die für einen Menschen mühelos zu lösen sind und kaum stören, die aber für eine Software ein unüberwindbares oder zumindest schwer zu überwindendes Hindernis darstellen.

Es ist nicht die Liebe zur Wahrheit, die hier eine Hacker-Software an ihre Grenzen bringt, sondern die Tatsache, dass es für ein Programm sehr schwer zu erkennen ist, dass es an dieser Stelle auf der Webseite einen Haken in der Box platzieren soll, um weitermachen zu können.

Hätte ich mir für dieses Buch nicht vorgenommen, das bösartige Potenzial künstlicher Intelligenz von vorne bis hinten (und zurück) zu durchleuchten und mich pessimistisch richtig auszutoben, dann könnte ich an dieser Stelle mit den Worten schließen: *Eine moderne KI ist sicherlich nicht in der Lage, einen Haken zu setzen.*

Aber die Sache hat natürlich einen Haken!

Aber bevor ich darauf eingehe, möchte ich Ihnen erklären, warum die Übung tatsächlich zu einem lästigen und unüberwindbaren Hindernis für einen Hacker und seine elektrischen Programm-Armeen sein kann.

Für die illegale (oder mindestens unerwünschte) Fakten-Ernte im Internet schreiben Programmierer relativ einfache Programme (Skripte), die eine handvoll Befehle ausführen und damit zum Beispiel eine Website dazu bewegen, ein Suchergebnis anzuzeigen. Die angezeigten Fakten können aus dem Quellcode der Seite herausgezogen und in einer Datenbank abgespeichert werden.

Die Prozedur wird dann von unzähligen Programmen gleichzeitig und millionenfach wiederholt, bis der Hacker den gesamten Inhalt abgezogen hat (dieses Vorgehen wird auch *"scraping"* genannt, übersetzt *"kratzen"* oder *"abschaben"*).

Klingt harmlos, oder? Die Informationen stehen auf der Webseite ohnehin kostenlos zum Abruf bereit.

Viele Webseiten sind für die Benutzer zwar kostenlos, leben allerdings von Werbung – also von der Tatsache, dass viele User sehr viele Suchanfragen stellen, lange auf der Seite bleiben und besonders intensiv auf den Bildschirm starren.

Und je weniger andere Webseiten die gleichen Informationen anbieten, desto mehr Besucher tummeln sich auf dem eigenen Service.

Ein interessantes Beispiel ist das Musik-Archiv *Discogs* (http://www.discogs.com), das eine Mischung aus Nachschlagewerk für Musik und Marktplatz ist (Schallplatten-Freunde sollten unbedingt einen Blick darauf werfen).

Während das Archiv auch als Download zur Verfügung steht (http://www.discogs.com/data/) und es eine Schnittstelle gibt, an der sich andere Programme und Webseiten kostenlos bedienen dürfen, werden im Gegensatz dazu alle Preisinformationen und Details über Käufe und Verkäufe mit jeder Menge Schutzmechanismen belegt.

Wer sich zum Beispiel den Verlauf der Verkäufe eines Albums über die Zeit anzeigen lassen will, muss an einem Captcha vorbei.

Das Prinzip ist simpel: Der Benutzer soll eine für einen Menschen möglichst einfache und für einen Computer am besten unmögliche Aufgabe lösen (auch hochtrabend als *"Challenge-Response-Test"* bezeichnet, was nichts anderes ist, als eine Frage, auf die eine gute Antwort gegeben werden muss).

Die häufigste Form von Captchas sind Grafiken, auf denen verschwommene Buchstaben angezeigt werden, die der (menschliche) Nutzer in ein Eingabefeld darunter mit Hilfe der Tastatur übertragen muss.

Durch die Verzerrung der Zeichen jenseits der optischen Zwei-Promille-Grenze wird erreicht, dass automatische Texterkennungen die angezeigten Grafiken nicht korrekt verarbeiten können, während ein Mensch halbwegs resistent gegen eine gewisse Unschärfe und Verzerrung bei der Darstellung ist.

Aber die Technik zieht mit: Im Internet sind unzählige wissenschaftliche Aufsätze darüber zu finden, wie Maschinen Captchas überwinden können. Und die Captcha-Industrie legt immer schlauere, aber leider auch kompliziertere Rätsel nach.

Bereits im Jahr 2010 stellten Forscher aus Stanford fest, dass die Roboter-Fallen einen Grad an Schwierigkeit erreicht hatten, der selbst für

Menschen nicht mehr einfach zu lösen ist.

Sicher haben Sie selbst schon die Erfahrung gemacht, die Buchstaben im Zerrbild nicht eindeutig bestimmen zu können. Nach dem dritten falschen Eingabe-Versuch wird es ätzend...

Als Zugabe bietet das Captcha die Möglichkeit an, sich die Folge vorlesen zu lassen. Das ist auch einer der größten Kritikpunkte der Fallen: Seh- und hörbehinderte Menschen können viele dieser Rätsel nicht erfolgreich lösen.

Aus meiner Sicht ist es nur eine Frage der Zeit, bis richtig trainierte neuronale Netze die in den Grafiken versteckten Zeichen ebenfalls erkennen können – die Captcha-Industrie rüstet bereits mit Videos auf, in denen die Buchstaben nacheinander und nicht mehr gleichzeitig angezeigt werden.

Wie oben bereits erwähnt, ist die Texterkennung eine der ersten Fingerübungen, mit denen sich Einsteiger in das Thema künstliche Intelligenz beschäftigen.

Mit ein paar wenigen Zeilen in der Programmiersprache Python habe ich vor vielen Jahren die Text-Erkennungs-KI *"Tesseract"*, die zuerst von Hewlett Packard und später von Google als freie Software zur Verfügung gestellt wurde, für ein Hobby-Projekt benutzt, bei dem ich fotografierte Dokumente in Text umwandeln wollte.

Meine Nachlässigkeit brachte die Maschine erfolgreich zum Scheitern: Bilder, die normalen Text zeigten, konnte der Algorithmus hervorragend und in sehr guter Qualität verarbeiten.

Allerdings war ich zu faul, manche Dokumente, die ich quer oder auf dem Kopf stehend abgelichtet hatte, zu drehen, bevor sie von dem Programm verarbeitet werden sollten.

Ich musste feststellen, dass eine wirklich ausgereifte künstliche Intelligenz, die auf das Erkennen von Buchstaben und Texten spezialisiert und von zwei herausragenden IT-Firmen entwickelt worden war, bei einem um 90 Grad gedrehten Text komplett versagte.

Auf den zweiten Blick ist das wenig überraschend, denn die meisten OCR-Programme (für *"optical character recognition"*, übersetzt *"optische Buchstaben-Erkennung")* wurden nur mit aufrecht stehenden Buchstaben trainiert.

Ein auf der Seite liegendes A ist in den Augen einer solchen Intelligenz schlicht kein bekanntes Zeichen.

Der Journalist und Autor Wolf Schneider hat über das Schreiben von Texten einmal gesagt, dass einer immer die Arbeit hat: Gibt sich der Autor beim Schreiben keine Mühe, muss der Leser sich mit einem hakeligen Text herumschlagen. Wobei dem Autor bewusst sein sollte, dass sein Werk im Idealfall von mehr als einem Leser konsumiert wird.

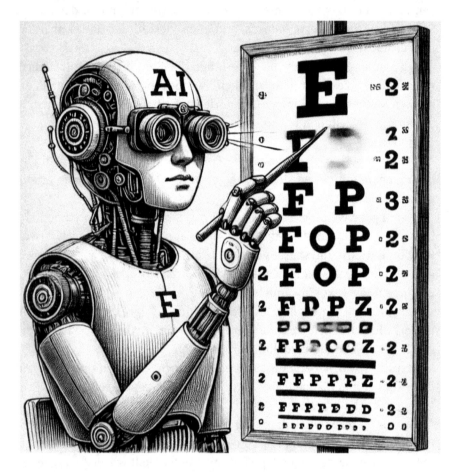

Übertragen auf die KI und mich war das Ergebnis, dass meine Software ein Bild, auf dem kein Text erkannt wurde, drehen und erneut durch das Tesseract-Modell jagen musste, bis endlich ein positives Ergebnis vorlag. Wie Schneider schrieb: *Einer hat immer die Arbeit...*

Trotzdem ist die künstliche Intelligenz bei der Erkennung von Text (und auch von Sprache) voll und ganz angekommen und die Geschichte dieser Entwicklung reicht bereits ziemlich weit zurück. Außerdem ist sie es wert, an dieser Stelle erwähnt zu werden.

Das erste digitale Telefonbuch wurde im Jahr 1990 von der Deutschen Postreklame (einer Tochter der Deutschen Post) für 3.000 DM auf einer prall gefüllten CD-ROM angeboten (umgerechnet rund 1.690 Euro). Vermutlich sieht dieser Preis aus heutiger Sicht völlig verrückt aus, aber die Datenbank war für Geschäftskunden und gezieltes Marketing gedacht und nicht für Privatpersonen.

Vier Jahre später gab eine andere Firma die gleichen Daten für rund 50 DM heraus. Ältere Generationen werden die *"D-Info"* kennen (so der Name der Silberscheibe).

Mit der Öffnung des Telekommunikations-Markts waren diese Daten auch für andere Unternehmen verfügbar. Allerdings wurde das Verfahren, wie die Daten aus den gedruckten Telefonbüchern digitalisiert wurden, kritisch betrachtet: Weil die Seiten zunächst gescannt wurden, sahen die Verlage darin eine Verletzung ihrer Urheberrechte.

Sicher sehen Sie bereits die Parallelen zum heutigen Datenklau durch mechanische Crawler auf kostenlosen Webseiten.

Der Hersteller wählte daraufhin einen anderen Weg, die Daten zu digitalisieren: Angeblich war damals die Methode, die Bücher in einem westlichen Industrieland zu scannen und von einer OCR-Software verarbeiten zu lassen, deutlich teurer, als die Wörter und Zahlen in China abschreiben zu lassen.

Die Legende besagt außerdem, dass alles zur Sicherheit und zur Reduktion von Fehlern gleich zweimal abgeschrieben wurde.

Die Abschreiber (offizielle Berufsbezeichnung für so einen bemitleidenswerten Beruf ist "Datentypist") waren der Sprache nicht mächtig und übertrugen – wieder angeblich – nur Zeichen für Zeichen von den dünnen Seiten auf die Tastatur, was die Fehler wiederum weiter reduzierte, weil die Typisten keine westlichen Sprachen beherrschten und damit nicht *"Meyer"* lasen und aus Gewohnheit *"Meier"* schrieben.

Im Jahr 2004 wurde die Scheibe für billige 4,99 Euro verscherbelt, war aber sogar noch bis ins Jahr 2018 verfügbar und wurde erst dann endgültig von Online-Angeboten vom Markt verdrängt.

Aber was hat das mit der Machtübernahme der künstlichen Intelligenz zu tun? *D-Info* ist ein gutes Beispiel dafür, wie Informationen generiert werden – auch solche, die für das Training von KIs benutzt werden.

Oft sind es Menschen, die in mühevoller Kleinarbeit die Daten erzeugen, mit denen ein Modell trainiert wird.

Ein gutes Beispiel ist das *"Tagging"* von Bildern, bei dem Menschen die Inhalte von Fotos als Stichworte eintippen.

Die zweite Möglichkeit, KIs mit menschlichem Wissen zu füttern, sind Texte – halbwegs professionelle Informationen wie bei Wikipedia, aber auch tiefe gesellschaftliche Löcher wie Forenbeiträge und -diskussionen, Rezensionen und die ganzen hoch-literarischen Inhalte von Social-Media-Webseiten.

Werfen wir einen humorvollen Blick in die Zukunft:

> KI: Hey, was kannst Du gut?
> Mensch: Ich kann verzerrte Texte ganz gut erkennen.
> KI: Und was kannst du noch?
> Mensch: Ich kann eintippen, was ich auf einem Bild sehe!

Das sind vielleicht die besten Voraussetzungen, um auch in einer KI-beherrschten Zukunft einen sicheren Job zu haben.

Lustig ist diese Vorstellung in meinen Augen nicht, denn wir sind – vermutlich ohne die geringste Ahnung davon zu haben – bereits zum verlängerten Arm künstlicher Intelligenz geworden.

Zum 15-jährigen Jubiläum des *Google Books Projects* im Jahr 2019 gab der Internet-Riese bekannt, dass die Firma bereits im Besitz von 40 Millionen digitalisierten Büchern sei.

Das Unterfangen ist natürlich nicht frei von Kritik. So sind auf den Scans der Seiten manchmal die Finger der Menschen sichtbar, von denen die Bücher eingelesen wurden – vielleicht auch ein Beruf, den eine KI nicht so leicht selbst erledigen kann.

Auch die automatische Texterkennung nach dem manuellen Scan ist nicht perfekt.

Das Nachrichtenmagazin *Der Spiegel* kritisierte 2007 die Qualität und dass teilweise sogar die Namen der Autoren nicht richtig erkannt werden. Wobei ich an dieser Stelle die Software in Schutz nehmen muss, weil diese nicht unterscheiden kann, ob sie (es) gerade einen besonders wichtigen Teil des Buchs *"betrachtet"* oder es mit der Erkennung es Geschriebenen eher locker angehen kann, weil sie sich irgendwo im Anhang tummelt.

Aber bei Google arbeitet geballte menschliche Intelligenz – und die Lösung dieser Probleme ist so charmant wie schauerlich.

Die hauseigene Software *reCAPTCHA* ist ein geeignetes Werkzeug, das Versagen der KI zu kompensieren: Menschlichen Rätsel-Lösern werden keine zufälligen Buchstaben gezeigt, sondern gescannte Wörter, bei denen die OCR-Software ihre Schwierigkeiten hatte.

Die Betreiber von Webseiten erhalten ein Sicherheits-Feature, mit dem Bots von richtigen Usern unterschieden werden, während die Nutzer ganz fleißig die Wörter betrachten, bei denen die KI einen Fehler gemacht hat.

Und genau wie beim doppelten Abtippen der Telefonbücher in den 90ern wartete Google geduldig, bis mindestens zwei User eine Meinung zu einem verzerrten Wort hatten. Stimmen diese überein, dann hat die menschliche Intelligenz vermutlich funktioniert und das Wort wird als korrekt erkannt in den Text eingefügt.

Mittlerweile nutzt Google die unwissenden menschlichen Gratis-Arbeiter auch, um den Karten-Dienst *Google Maps* zu verbessern. So werden unter anderem Fotos aus *Street View* gezeigt, um den Nutzern von Captchas Hausnummern, Verkehrsschilder und andere Dinge erkennen zu lassen.

Ein kleiner Augenblick für den einzelnen User, aber ein großer Mehrwert für den Internet-Konzern. Das Prinzip ähnelt dem Aufrunden für einen guten Zweck an der Supermarkt-Kasse: *Die Masse macht's!*

Die Carnegie Mellon University ermittelte, dass Online-User täglich 150.000 Stunden damit beschäftigt sind, Captchas zu lösen – das war im Jahr 2004, als die digitale Gemeinde noch im dreistelligen Millionenbereich lag.

Heute tummeln sich 5,5 Milliarden Menschen im Netz und die Menge der Stellen, an denen diese Rätsel eingesetzt werden, dürfte ebenfalls zugenommen haben.

Das Ergebnis: Bei einer vorsichtigen Rechnung liegt das Ergebnis ziemlich nahe an einer Million kostenloser Arbeitsstunden, die dafür benutzt werden, die Fehler von KIs auszubügeln. Und zwar *JEDEN TAG*!

Wem die Million Stunden immer noch harmlos erscheinen, nehmen wir kurz ein Arbeitsmodell von 8 Stunden pro Tag und 200 Arbeitstagen pro Jahr an. Das berechnete Ergebnis sind 625 Jahre völlig kostenlose Arbeit wie *PRO TAG*!

Stellen Sie sich vor, dass so eine gewaltige Kapazität bei Ihnen zu Hause vorbeischaut, um an einem einzigen Tag für ein wenig Ordnung im Keller und im Garten zu sorgen.

"Crowdsourcing" klingt modern und irgendwie nett und wird in Wikipedia definiert als *"Auslagerung traditionell interner Teilaufgaben an eine Gruppe freiwilliger User"*. In dieser Wirklichkeit wird eine Herde ahnungsloser Menschen eingespannt, um die Schwächen einer KI zu kompensieren oder die elektronischen Augen bei schwer erkennbaren Hausnummern zu unterstützen.

Auf einem Kongress schwärmte kürzlich der Abteilungsleiter eines mittelständischen Unternehmens in einem Vortrag von der Zusammenarbeit mit einer KI, die für seine Mitarbeiter Texte erstellt und Zusammenfassungen von Dokumenten erstellt.

Er schloss mit den verzückten Worten, dass der Mensch nur noch das Arbeitsergebnis der KI überfliegen und gegebenenfalls etwas korrigieren müsse!

Die Rollen scheinen sich unmerklich zu vertauschen: Früher half die Rechtschreibkorrektur dem Menschen, Texte ohne Fehler zu erzeugen. Glauben wir der Vision des Abteilungsleiters, dann helfen seine Mitarbeiter nun der KI, gute Texte zu verfassen.

Diese Situation, dass der Mensch nur noch bequem und unbeschäftigt im Fahrwasser der KI dümpelt, ist immer häufiger zu beobachten. Wir kontrollieren, überwachen und betrachten die wenigen Ausnahmen, bis uns vor Langeweile die Augen zufallen und das Hirn verkümmert. Aber zum Glück gibt es Social Media, das den Prozess weiter beschleunigt.

Aber wollen wir das wirklich? Und entspricht es der Wahrheit, dass die künstliche Intelligenz uns an mehr und mehr Stellen in Sachen Leistung in den Schatten stellt?

Wenn diese Annahmen wahr sind, dann sollte die Menschheit Geld dafür verlangen, der Handlanger großer Konzerne zu sein, der die Fehler der KIs ausbügeln muss.

Aber das ist auch wieder typisch Mensch: Wir sind gerne nett und merken es nicht, wenn die Welt sich falsch herum dreht.

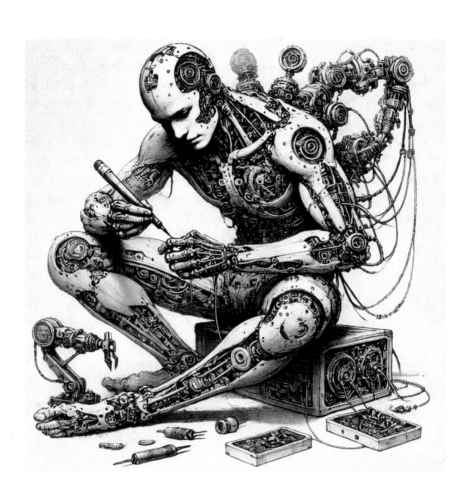

MEINE ERSTE

»Komplexität ist ein Indiz für Intelligenz.
Einfachheit ist ein Indiz für Weisheit.« Med Jones
(US-amerikanischer Ökonom & Präsident des
International Institute of Management)

Programmierer ist nicht gleich Programmierer. Eine kleine Gruppe Spezialisten quält sich auf der untersten Ebene der Elektronik, um direkt an der Basis mit extrem komplizierten Sprachen ein Betriebssystem zu konstruieren, auf dem andere Programmierer einen Haufen mehr oder weniger komplizierter Programmiersprachen schreiben, die von einer dritten Gruppe benutzt werden und mit denen dann ganz einfach ein paar schöne bunte Programme geschrieben werden können.

In der alten und logischen Welt der Sprachen und Computer wird in drei Stufen (Englisch *"Levels"*) unterschieden: Die System-Programmierer arbeiten im "Low Level" und darüber befinden sich dann "Medium Level" und "High Level" Sprachen.

Damit Sie ein Gefühl für den Alltag dieser Personen bekommen, möchte ich Ihnen zuerst das oben bereits beschriebene Programm zur Ausgabe von *"Hallo Welt!"* in der Low-Level-Sprache *Assembler* zeigen:

```
section data
hello db "Hallo Welt!",0xa
len equ $-hello
          section text
          global _start
_start:
          mov eax, 4 ; write(stdout, hello, len)
```

```
mov ebx, 1
mov ecx, hello
mov edx, len
int 80h
mov eax, 1 ; exit(0)
mov ebx, 0
int 80h
```

Und jetzt zum Vergleich das gleiche Programm als einfachste Fassung in der populären Hochsprache Python:

```
print("Hallo Welt!")
```

Künstliche Intelligenz als eigener Zweig der Informatik hat eine ähnliche Aufteilung: Es gibt Experten, die Basismodelle erstellen, und es gibt Anwender, die sich auf das Training von KIs spezialisiert haben.

Keiner der beiden Berufe ist trivial. Aber durch die Existenz von Hochsprachen ist das Training einer KI auf den ersten Blick wesentlich einfacher, als selbst ein neuronales Netz zu programmieren.

Die Sprache Python ist dabei im Moment der Favorit der KI-Schöpfer, weil dort Bibliotheken (vorgefertigte Module) einfach genutzt werden können. Hat jemand einmal so einen Werkzeugkasten aufgebaut, kann er verteilt und von anderen Programmierern auf der ganzen Welt benutzt werden.

Bibliotheken wie PyTorch, TensorFlow, Keras und viele andere lassen sich mit einer einzigen Befehlszeile in kürzester Zeit installieren (die Namen werden am Ende des Buchs übrigens *NICHT* abgefragt). Training und Anwendung eines Modells lassen sich in weniger als 15 bis 20 Programmzeilen umsetzen.

Ein halber Bildschirm voller Text und schon läuft die KI.

Übrigens: Statt ganz altbacken Bücher zu studieren oder in Foren zu recherchieren, können Chatbots das Programmieren übernehmen – eine der großen Stärken der Sprachmodelle.

Und auch irgendwie lustig, dass künstliche Intelligenz beim Programmieren von künstlicher Intelligenz hilft – oder doch ein beunruhigendes Alarmsignal? Maschinen, die Maschinen erschaffen, sind eigentlich der Stoff dystopischer Geschichten.

Für den Nutzer am Bildschirm ist es tatsächlich ganz einfach, selbst ein wenig zum Weltuntergang durch KI beizutragen.

Wir müssen uns ja auch kein Auto bauen, indem wir ein Loch in einen Berg schlagen, Erz abbauen, um daraus in einem aufwändigen Prozess Stahl herzustellen, bis ganz am Ende ein schicker Wagen herauskommt, bei dem auch noch das Radio funktioniert und die Pausenempfehlung.

Wenn Sie ein Python-Programm starten und eine von den oben genannten Bibliotheken (oder eine andere) benutzen, dann startet im Hintergrund eine gewaltige Maschine, die von Experten mit ganz viel Wissen und Geduld ausgetüftelt worden ist.

Präzise formuliert: Sieht einfach aus, ist aber mindestens so schwer, wie ein Auto mit Pausenempfehlung von vorne bis hinten und von oben bis unten selbst zu bauen.

Die Argumente wiederholen sich: Wieder eine Black-Box mit einer unsichtbaren wie gewaltigen Leistung, von der wir nur einen ganz kleinen Ausschnitt auf der Oberfläche in Form von einer Handvoll Programmcode zu sehen bekommen.

"Training" ist allerdings ein trügerischer Begriff. Denn nicht jeder, der Fußballspielen trainiert, landet automatisch in der Bundesliga.

Künstliche Intelligenz funktioniert ganz anders als normale Software, die streng logisch zahlreiche Schritte in einer präzise definierten Kommando-Sprache abarbeitet.

Wer KIs trainiert, dem muss bewusst sein, dass das wenig mit klassischem Programmieren zu tun hat und ordentlich in die digitale Hose gehen kann. Weltmacht-Wahnvorstellungen könnten eine von vielen Nebenwirkungen sein.

Eine frühe Künstliche Intelligenz wurde darauf trainiert, Wölfe von Hunden zu unterscheiden.

Der fix und fertige schwarze Kasten funktionierte wunderbar und die Entwickler hatten sich angeblich zunächst keine großen Gedanken über die Funktionsweise gemacht. Warum auch? Wenn ein Programm keine Fehlermeldungen auswirft und das tut, was es soll...

Das Bild von einem Husky im Schnee sorgte für Verwirrung, denn bis zu diesem Zeitpunkt funktionierte das Modell fehlerfrei. Auf einmal behauptete die künstliche Intelligenz, der Husky sei ein Wolf.

Hätte einem Menschen dieser Fehler unterlaufen können?

Offiziell heißen diese Hunde *Siberian Husky* und werden klassifiziert als die Hunderasse der Gruppe 5, Sektion 1, Standard Nr. 270 (so etwas kann sich nur ein echter Mensch ausdenken). In den Augen eines Hunde- und Wolf-Laien (zum Beispiel mir) sehen sich die beiden Rassen ziemlich ähnlich.

Der Unterschied zwischen einem Wolf und einem Dackel ist definitiv leichter zu erkennen.

Aber schon mit dieser Aussage liegen wir im Zeitalter künstlicher Intelligenz sehr, sehr falsch.

»Der Mensch ist das Maß aller Dinge«, sagte der griechische Philosoph Protagoras vor über 1.500 Jahren. Er hatte ja keine Ahnung, was in der Zwischenzeit alles passieren sollte.

Einerseits sind wir gefangen in unserem Körper und sehen ausschließlich mit den eigenen Augen (und mit nichts anderem). Bei diesem Satz wird der philosophische Zweig der Konstruktivisten *"Hurra!"* schreien.

Das Zitat am Anfang des Kapitel "Ich bin kein Roboter" stammt von einem der wichtigsten Vertreter dieser Denkrichtung.

Andererseits ist es ebenfalls typisch menschlich, dass wir uns in Gedanken aus uns heraus bewegen und vorstellen können, wie eine KI die Welt wahrnimmt. Aber das funktioniert bei einer KI nicht so leicht, wie bei einem Wolf oder einem Hund.

Selbst wenn das Gerät, auf dem die KI läuft, eine Kamera hat, können wir bei einem Modell ganz und gar nicht von einer Art des Sehens sprechen, wie wir sie können – und zu der wir uns überhaupt keine andere Art vorstellen können. Außer höchstens das Schall-Sehen einer Fledermaus oder das Wärmebild von Schlangen.

Bleiben wir bei einem einfachen Beispiel: *Urlaubsbilder!* Egal ob sie gezwungen werden, die Fotoshow der Nachbarn von der letzten Reise nach Mallorca ansehen zu müssen oder es freiwillig tun. Ihr Kopf wird Strand, Wasser und Sonne sofort erkennen und als solche identifizieren (vergessen Sie bitte nicht, regelmäßig »*Wow!*« und »*Schön!*« zu rufen).

Und nun versetzen Sie sich in den Fernseher Ihrer Nachbarn, auf dem die Bilder gezeigt werden.

Sollte es sich nicht zufällig um den Prototyp eines technologischen Geheimprojekts handeln, in dem bereits Mikrochips für künstliche Intelligenz eingebaut sind, dann hat selbst der voll-digitale Fernseher überhaupt keine Ahnung, warum die Menschen um ihn herum so seltsame Geräusche von sich geben.

Ein digitales Foto besteht aus einem Haufen bunter Punkte.

Sogar das *"bunt"* ist aus der Perspektive einer Maschine übertrieben. Hinter dem *"bunt"* steckt ebenfalls eine oder mehrere Zahlen, zum Beispiel vier Werte für die Mischung aus Rot, Gelb und Blau (deswegen heißt es RGB-Bildschirm) sowie eine weitere Zahl für die Helligkeit des einsamen Pixels.

Diese sind bei einem Bildschirm in Zeilen angeordnet. Tatsächlich gaukeln sie selbst uns nur vor, ein Bild zu sein, weil wir mit genügend Abstand nicht mehr einzelne Punkte wahrnehmen, sondern geschlossene Flächen und damit etwas, das der Wirklichkeit schon ziemlich ähnlich sieht – wie der Husky dem Wolf ähnlich sieht.

Würden die Pixel vom Bildschirm herunter bröseln, dann hätten wir nicht die geringste Chance, dem Haufen anzusehen, dass es sich um ein Abbild der Kathedrale von Palma handelt (mit den lächelnden Nachbarn im Vordergrund).

Vereinfacht (ich wollte Sie vor zu Erklärung von Technik verschonen) ist für den Fernseher, der wahrscheinlich ein einfacher Computer ist, das Bild nur eine Datei, in der eine ziemlich lange Kette von Zahlenwerten abgespeichert ist.

Beim Anzeigen ist in der Datei definiert, wie lang eine Bildzeile ist, sodass der Fernseher nach einer bestimmten Anzahl von Punkten (zum Beispiel 1.920 für schickes HD) in die nächste Zeile springen und dort mit dem Aufreihen weitermachen soll. Und nach 1.080 Zeilen rufen wir alle zusammen »*Wow!*«.

Der Fernseher hat nicht die geringste Ahnung, was er da tut.

Er kennt keine Insel mit dem Namen Mallorca im Mittelmeer (*Was ist das Mittelmeer?*). Streng genommen, weiß er nicht einmal, was ein Bild ist, sondern führt nur ein paar simple Befehle aus, die ein Programmierer in ihn reingeschrieben hat. *Was ist ein Programmierer?*

Auch wenn das jetzt ziemlich abgehoben und irgendwie philosophisch klingt: Kein Computer auf der Welt hat die geringste Ahnung von dem, was er tut oder was er ist.

Vielleicht wäre die Welt friedlicher, wenn eine Todesrakete wüsste, dass sie eine Todesrakete ist und nach der Idee von Turing auf die Idee kommen könnte, dass sie gar keine Lust hat, eine Todesrakete zu sein.

Oder sie spielt das ihren Chef-Generälen nur vor, verabredet sich aber in Wirklichkeit und ganz heimlich mit allen Raketen-Freunden zu einem Ausflug weit hinter dem Mond, wo sie es für die Menschheit ungefährlich knallen lassen können.

Null! Kein Schimmer! Nicht die geringste Ahnung! Nada! Ebbe auf voller Länge und Breite! Es ist der Mensch, der seine Art zu existieren in die Maschinen hinein projiziert. Wir sind das Maß für leblose Dinge – und das ist eine sowas von falsche Art zu denken!

Wenn Sie jetzt denken: *"Dann bringen wir den Maschinen das einfach mal bei, schließlich haben wir dafür die künstliche Intelligenz erfunden"*, dann haben sie eine echte Mammutaufgabe vor sich.

Zuerst müsste eine Rechenmaschine verstehen, was ein Bild ist und dass es sich nicht nur um eine Menge Zahlen handelt. Danach ginge es auf Weltreise, um einerseits zu verstehen, was die *"Welt"* überhaupt ist. Vorher noch eine hoch-komplexe Bild-Erkennung einbauen, damit der Rechner sehen kann, worüber wir mit ihm sprechen... *Mist, eine Spracherkennung muss ja auch noch rein!*

Bilderkennung, Spracherkennung und andere, ähnliche Software, die durchaus sinnvolle Dinge ausgibt, existiert doch schon. Die neueste Version von ChatGPT kann sogar schon durch die Kamera aus dem Smartphone herausschauen und bei den Hausaufgaben helfen oder erkennen, wo wir uns gerade befinden.

Und der Bot hat eine tolle Antwort auf Lager, wenn wir ihn fragen, was ein Bild ist.

Aber in Wirklichkeit hat der Computer keine Ahnung! Von absolut gar nichts. Er arbeitet lediglich einen Haufen Befehle ab, die ein Programmierer sich ausgedacht hat und nutzt dafür Daten, die Menschen erstellt und auf seine Festplatte und in seinen Speicher geschrieben haben.

Erinnern Sie sich an den Hund im Park und Blitze, die eigentlich Speere der alten Götter sind: Wenn die Anzahl der Regeln und die Menge von Daten den Punkt übersteigen, dass wir sie logisch erfassen und noch überblicken können, dann neigt der Mensch dazu, eine solche Technologie massiv zu überschätzen.

Wir gehen so weit, dass wir hochgradig dumme Software für intelligent halten. Ich will Eliza nicht beleidigen, aber intelligent ist das Programm ganz und gar nicht.

In Wirklichkeit beschreibt genau das ein Phänomen, das wir künstliche Intelligenz nennen: Wenn früher irgendwo im Heimcomputer (Atari, Commodore usw.) ein Befehl stand, wie *"wenn eine 6 gewürfelt, dann gewonnen"*, dann war das einfach zu verstehen.

Selbst *Deep Blue* schaffte es, mit so einem relativ simplen Regelwerk den Weltmeister im Schach zu bezwingen (da waren es ein paar Befehle und Daten mehr).

Ganz unten in einem neuronalen Netz gibt es noch genau solche einfachen Bedingungen (*IF-THEN*-Befehle und andere, falls Sie sich etwas mit Programmiersprachen auskennen). Aber die Menge solcher Abfragen ist derart gewaltig, dass wir nicht mehr wirklich nachvollziehen können, was in einem solchen Modell genau vor sich geht.

Aber es funktioniert... irgendwie...!

Mittlerweile können Experten die schwarzen Kästen aufmachen, hineinschauen und ungefähr nachvollziehen, warum die KI sich für Wolf statt Hund oder umgekehrt entschieden hat.

Aber als diese Software zur Bilderkennung von Tieren entwickelt und trainiert wurde, war das nicht ganz so einfach.

Warum hatte die KI sich geirrt und den besten Freund des Menschen im Schnee für ein ziemlich gefährliches Raubtier gehalten (*"der will doch nur spielen"*)?

Tierfotografen haben einen langweiligen Beruf: Manche hocken in winzigen Zelten (zur Tarnung) tagelang im Wald und warten darauf, dass ein Wolf vorbei kommt, den sie fotografieren können, damit eine KI mit dem Meisterwerk der Geduld gefüttert wird, um es *nicht* von einem Hund unterscheiden zu können.

Tierfotografen haben es einfacher, wenn ihre Motive sich nicht im Dickicht der Natur verstecken können – und das ist zum Beispiel im Winter der Fall, wenn kein Laub auf den Ästen von Büschen und Bäumen die Sicht versperrt.

Und im Winter im Wald liegt oft Schnee! Wenn Sie nicht genau gelesen haben: Das falsch identifizierte Bild zeigte einen Husky *im Schnee*!

Nach einem genauen Blick in die künstliche Wolf-Hund-Intelligenz und weiteren Tests mussten die Experten feststellen, dass die Software es sich einfach gemacht hatte: Statt die Unterschiede zwischen den beiden verschiedenen Vierbeinern herauszuarbeiten, achtete sie ausschließlich darauf, ob Schnee im Bild zu sehen war oder nicht.

Die meisten der im Training verwendeten Fotos von Wölfen waren im Winter aufgenommen worden, weil Tierfotografen dann freie Sicht haben und es leichter ist, einen Wolf vor die Linse zu bekommen.

Die KI hat es sich beim Training leicht gemacht und eine ziemlich schlaue Abkürzung gewählt oder sich einfach auf die falschen Dinge konzentriert. Wobei ich das Modell in Schutz nehmen muss, weil es nicht gemütlich vor dem Bildschirm saß und gedacht hat: *Hey, da ist Schnee zu sehen, das muss ein Wolf auf dem Bild sein!*

Stattdessen hat es in den Zahlen-Haufen einen Zusammenhang zwischen bestimmten Werten und Wölfen entdeckt, der so logisch ausgesehen haben muss, dass er die Bewertung und das Urteil der KI stärker beeinflusst hat, als der Rest des Motivs.

Das Risiko besteht weiterhin: Es ist tatsächlich unglaublich schwer herauszufinden, warum künstliche Intelligenzen genauso reagieren, wie sie reagieren.

In diesem Beispiel ging es nur darum, zwei Tierarten voneinander zu unterscheiden, aber stellen Sie sich vor, ein ähnliches Modell fährt autonom durch den Stadtverkehr: *Hey, ist das eine nette alte Dame da vorne oder eine Parklücke, auf die ich mich stellen kann?*

Und während ein Wolf (kein Husky) noch an einem leckeren Teil von Ihrem Oberschenkelknochen nagt, begegnen Sie im Himmel der dafür verantwortlichen KI und sie wird sagen: »Was für ein Wolf? Ich habe nur auf den Schnee geachtet!«

Was vielleicht wie ein schlechter Witz klingt, kann aber durchaus nach hinten losgehen: Stellen Sie sich vor, Sie nutzen eine App, die essbare von giftigen Pilzen unterscheiden kann. Im Paradies wird diese App vielleicht zu Ihnen sagen: »*Welche Pilze? Ich habe nur grünes Gras und saftiges Moos gesehen!*«

> KI (in der KI-Gesprächsgruppe): Ich habe eine Oma mit einem freien Parkplatz verwechselt.

> KI: Ich habe einen Wolf für einen Hund gehalten.

> KI: Welche Pilze?

> KI: Hey, lasst uns über Boote reden...!

Weit weniger lustig war ein vergleichbares Missgeschick, dass 2015 beim Bilderdienst *Google Fotos* geschehen ist: Um dem Benutzer mehr Komfort bei der Suche bestimmter Bilder zu bieten, wurde auf den Inhalt der gewaltigen Foto-Cloud eine künstliche Intelligenz losgelassen, die Menschen und Objekte auf den Bildern erkennen soll.

Die bekannte Bildsuche von Google funktionierte zu Zeiten vor künstlich intelligenter Bilderkennung sehr simpel: Es wurden Ergebnisse angezeigt, wo die Suchwörter im Titel der Datei enthalten waren. Stufe zwei berücksichtigte später auch Wörter, von denen das Bild auf der Seite umgeben war.

Stufe drei war dann ein Online-Spiel (*"Google Image Labeler"*, online von 2006 bis 2011), bei dem zwei Benutzer als Team antraten, Bilder gezeigt bekamen und Punkte erhielten, wenn ihre eingetippten Beschreibungen identisch waren.

Sie können sich vorstellen, dass Google dieses Spiel nicht erfunden hatte, um damit Internet-User pädagogisch wertvoll zu unterhalten. Und sie können sich auch nicht vorstellen, dass die Zahl der Spieler klein und die Verweildauer auf den Seiten kurz gewesen ist...

Im Jahr 2016 wurde das *Google Crowdsourcing* wiederbelebt und der *Image Labeler* ist aktuell unter https://crowdsource.google.com zu finden (falls Sie dem Konzern ein wenig von Ihrer Intelligenz und Ihrer Lebenszeit spenden wollen). Neben Bildern können Sie dort auch bei Tondokumenten und Handschriften behilflich sein, mit denen die KIs überfordert sind.

Bevor Sie weiterlesen, denken Sie darüber nach, warum Google Ihnen das Bild oben zeigt? Vermutlich, weil die aktuelle KI-Technologie nicht in der Lage ist, die Grabplatte von einer Badewanne zu unterscheiden! *(Was ich damit sagen will: Es lohnt sich, die Seite zu besuchen, um Erfahrung zu sammeln, was eine künstliche Intelligenz erkennen kann und womit sie Schwierigkeiten hat.)*

An dieser Stelle sollten Sie bezweifeln, dass Google den Aufwand nur für die Nutzer betreibt, denn die Fotos helfen dem Konzern, mehr über die User und damit das Kaufverhalten zu erfahren.

Google verdient schließlich eine ganze Menge Geld mit Werbung und ist sehr an den kommerziellen Interessen der User interessiert.

Haben Sie die Werbung gesehen, in der mit der Unterstützung von *Google Gemini* (das aktuelle KI-Modell des Konzerns) nur auf ein paar Schuhe in einem Bild geklickt werden muss, um diese in einem Online-Shop angezeigt zu bekommen?

Damit dürfte klar sein, warum die Internet-Riesen sich so sehr freuen, wenn die User ihre Fotos in der Cloud speichern – und der Trend geht immer mehr dahin, dass wir dafür bezahlen, wenn unsere Bilder gründlich auf alles analysiert werden, was wir am Körper tragen oder im Hintergrund zu erkennen ist.

Zeigt dieses Bild Badewanne?

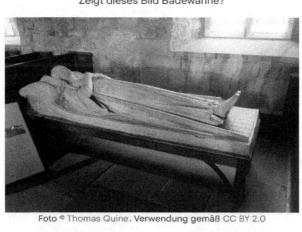

Foto © Thomas Quine. Verwendung gemäß CC BY 2.0

Nein   Ja

Kategorien   Überspringen >

Eines der ersten Unternehmen, die sich diese Idee zunutze gemacht haben, war angeblich ein Vertrieb von Schwimmbad-Chemie. Mit Hilfe der Satellitenbilder auf *Google-Maps* (Fotos vom Satelliten) und Microsofts *Bing* (Satelliten- und Überflug-Bilder) konnten Hausbesitzer erkannt werden, die hinten im Garten einen Pool hatten. Das erleichterte das gezielte Marketing der Firma erheblich (damals allerdings noch manuell, wobei es heute ziemlich leicht ist, eine KI zu programmieren, die Pools und Schwimmbäder in Luftaufnahmen erkennen kann).

Aber zuerst kam der Urgroßvater von *Gemini*, der von sich behauptete, Bilder erkennen zu können, um dem Nutzer mehr Komfort bei der Suche zu bieten.

Der KI unterlief ein schwerwiegender Fehler: In 2015 ging ein Feuersturm durch die sozialen Medien, weil dunkelhäutige Nutzer Porträts von sich und von anderen dunkelhäutigen Menschen plötzlich in einer Kategorie mit dem Titel *"Gorillas"* wiederfanden.

Google entschuldigte sich öffentlich für den Vorfall.

Christian Bauckhage (Professor für Informatik am Fraunhofer-Institut für Intelligente Analyse- und Informationssysteme) vermutet laut einem Artikel auf *heise.de* mit dem Titel *"Künstliche Intelligenz als Gefahr"*, dass die Bilderkennungs-Software hauptsächlich mit den Gesichtern hellhäutiger Menschen trainiert worden war.

Einen wirklich peinlichen Fehler zu machen, ist eine Sache, aber auch hier können Sie wieder Ihre Phantasie einsetzen und sich vorstellen, es wird eine KI entwickelt und in Drohnen eingebaut, die Gorillas suchen und den Tieren eine Impfung verabreichen oder einen GPS-Tracker ans Ohr heften soll. *Definitiv nicht lustig...!*

Um meine eigene Unordnung zu bekämpfen und die ohnehin mühselige Steuererklärung zu vereinfachen, hatte ich vor drei Jahren beschlossen, eine KI zu benutzen, um Rechnungen in Form von PDF-Dateien in meiner Mailbox zu identifizieren, herunterzuladen und abzuspeichern.

Es gibt so viele kleine, lästige Arbeiten, bei denen KI helfen könnte, es aber – aus welchen Gründen auch immer – einfach nicht tut.

Genauso war es beim Sortieren von Rechnungen: Nachdem ich vergeblich nach einer passenden Software gesucht hatte, musste ich das Projekt schließlich selbst angehen.

Ganz nach dem Motto *"Probleme sind dazu da, dass man an ihnen wächst"*, hatte ich endlich einen guten, praktischen Grund, selbst eine KI zu programmieren und zu trainieren.

Dabei konnte ich zwei verschiedene Wege gehen: Das Problem der Unterscheidung von Rechnungen und anderen Druckdateien (PDFs) ließ sich mit einem Klassifizierer lösen (eine recht simple Form der KI). Die Frage war nur: Nutze ich Pixelbilder von den Dokumenten oder extrahiere ich den Text, um diesen zum Lernen zu nutzen?

Die Lösung über den Text fand ich zu einfach! Das Modell hätte nur nach Stichwörtern wie *"Rechnung"* und *"Mahnung"* sowie *"Zahlungserinnerung"* Ausschau halten müssen – was es aber eigentlich gar nicht tut, weil es nicht die geringste Ahnung hat, was es bedeutet, eine *Mah-*

nung mit der Post zu erhalten.

> Steuererklärungs-KI: Was ist eine Post?

Also wählte ich den Weg über Bilder. Entschuldigung: Über einen riesigen Haufen von Bildpunkten. Genauer gesagt einen richtig gewaltigen Haufen von Zahlen, denn die digitalen Papierseiten wurden in Schwarzweißbilder umgewandelt, bei denen jedes Pixel nur aus einem Wert zwischen 0 (schwarz) und 255 (weiß) besteht.

Es dauerte Stunden, bis ich erst 70 Dokumente und später 276 Dokumente zusammengesammelt hatte. Das dauerte sehr viel länger, als das Programm selbst zu schreiben.

Zunächst beschränkte ich mich auf Daten, die sich tatsächlich in meiner Mailbox angesammelt hatten. Die Anzahl der Nicht-Rechnungen dort war aber gering. Außerdem sahen sich viele richtige Rechnungen enorm ähnlich, weil der Verkehrsbetreiber in meiner Heimatstadt immer eine richtige Rechnung mit allem Drum und Dran versendet, wenn ich für 2 Euro 60 zwei Stationen mit dem Bus fahre oder 15 Minuten in der Stadt parke.

Über Klimaschutz und KI will ich an dieser Stelle nur kurz schreiben.

Was für ein Aufwand, ein einziges Busticket mit so viel Aufwand elektronisch zu verarbeiten!? Der QR-Code und die Kaufabwicklung in der App, dann die Generierung der Rechnung, der Versand per Mail und zuletzt legt ein schlauer User noch eine künstliche Intelligenz oben drauf, die einen simplen Job erledigen soll – und das wahrscheinlich mit einer sehr schlechten CO_2-Bilanz.

Digitales Geld ist schädlicher für die Umwelt als richtige Scheine und Münzen. Virtuelle Menschen (zum Beispiel im mittlerweile veralteten *"Second Life"*) verbrauchen vergleichbar viel Sauerstoff, wie ein atmender Mensch. Dagegen steht KI ohnehin in der Kritik, so ziemlich aller Umweltfreunde.

So gesehen hätte ich es lassen sollen, eine KI mit dem Sortieren von ein paar wenigen Dokumenten zu beauftragen. Um Sie sofort zu beruhigen: Die fertige KI ist nicht im Alltagseinsatz, sondern verstaubt irgendwo auf der Festplatte meines Laptops.

Tatsächlich brauchte es nur ein Dutzend Zeilen in Python, mit denen das Modell die Dokumente innerhalb von ein paar Minuten verinnerlichte. Das Ergebnis war eine Datei, die das magische Modell enthielt und die nur ein paar Megabyte groß war.

Auch das ist wieder ein Phänomen, dass Sie im Hinterkopf behalten sollten: Genauso wie Programmierung der Software auf der einen Seite, sowie Training und Anwendung der KI auf der anderen Seite zwei verschiedene Dinge sind, teil sich das Modell ebenfalls in die Trainingsphase, in der viel Energie und Rechenaufwand benötigt wird, und den Betrieb, bei dem das fertige Modell mit Daten versorgt wird, und sich in einer Art *Black-Box* eine Meinung darüber bildet.

Ist ein KI-Modell fertig trainiert, dann ist es relativ handlich und kann auch auf normalen Computern betrieben werden.

Das Training dagegen ist eine Kunst für sich, die nicht viel mit dem Alltag normaler Programmierer zu tun hat. Dafür sind Daten erforderlich, die einerseits zum Ziel des Trainings passen müssen und die gleichzeitig eine gute Qualität haben müssen.

Hübsche Bilder von hellhäutigen Menschen, die sauber beschriftet und geordnet sind, sehen auf den ersten Blick gut aus. Die Folgen, dass eine damit trainierte künstliche Intelligenz sich ganz abscheulich verhält, weil sie alle anderen Menschen einer tierischen Kategorie zuordnet, hatten die Programmierer offensichtlich übersehen.

Wichtig: Die Panne ist nicht durch ein fehlerhaftes Programm entstanden, sondern durch die Beschaffenheit der Trainingsdaten!

Geeignete Trainingsdaten sind schwer zu kriegen: Modelle brauchen wirklich viele Daten, um richtig zu funktionieren. Lange nach meiner Rechnungs-Erkennungs-KI musste ich feststellen, dass für eine sichere Prognose tausendmal mehr Beispiel-Dokumente (das ist keine Übertreibung) für das Training erforderlich gewesen wären.

Woher nehmen? Als mir das klar geworden ist, habe ich für einen Moment überlegt, eine andere oder sogar die gleiche KI zu nutzen, um weitere Datensätze für eine weitere Trainingsrunde zu erstellen.

Sicherlich ahnen Sie, wo der Haken bei dieser Vorgehensweise hängt...

> KI zu einer anderen KI: Kannst Du mir ein paar Bilder von Wölfen generieren, die für Dich wie Hunde aussehen?
> andere KI: Ich füge ein wenig Schnee hinzu, dann ist das Erkennen nicht so schwer.

Manche Forscher behaupten, dass es auf der Welt und im digitalen Parallel-Universum nicht mehr genug Daten gibt, um Modelle zu trainieren. Die großen Sprachmodelle (LLMs) haben schon heute einen Großteil des Internets inhaliert und könnten noch viel mehr Daten verdauen, wenn diese vorhanden wären und eine gute Qualität hätten.

Allein das ist ein Problem, weil das digitale Abbild unserer Welt (das Internet) rein gar nichts mit der Wirklichkeit zu tun hat.

Ein einfaches Beispiel: Die Verteilung von Sprachen im Internet weicht drastisch von der tatsächlichen Demographie unseres Planeten ab. Über die Hälfte aller digitalen Texte sind in Englisch verfasst (54% in 2018 laut dem Online-Forschungsinstituts W^3Techs).

Selbst China als zweitgrößtes Land der Erde nach Bevölkerung (Anteil 17,4 Prozent aller Menschen) kann in der eigenen Landessprache nur 1,7 Prozent der Texte auf Webseiten lesen (wenn die User keine andere Sprache als Chinesisch beherrschen).

Beim größten Land der Erde ist es noch extremer: Während 17,8 Prozent der gesamten Menschheit in Indien wohnen, sind nur 0,1 Prozent der Inhalte in der Amtssprache Hindi verfasst.

Umgekehrt gehört Deutsch mit knapp 6 Prozent Anteil zu den Top-Sprachen im Netz, während bei uns nur etwa 1 Prozent der Weltbevölkerung angesiedelt sind. Selbst wenn Österreich und die Schweiz dazugerechnet werden, verändert sich die relative Anzahl kaum (von 1,04 auf 1,26 Prozent).

Text-Trainingsdaten, die das Verhältnis der Bevölkerung pro Land widerspiegeln, wären ungeheuer klein, weil Indien als größtes Land nur aus einem Bruchteil der Texte zusammengestellt werden könnte.

Für alle anderen Länder stünde zwar mehr Content zur Verfügung, aber der dürfte ja den kleinen Anteil des bevölkerungsreichsten Landes nicht überschreiten.

Ausgewogene und neutrale Trainingsdaten zu generieren, scheint eine fast unmögliche Aufgabe zu sein. Kritiker diskutieren bereits hitzig darüber, dass grundsätzlich alle Modelle *rassistisch* und *voreingenommen* sind (oder sogar beides gleichzeitig).

Und wie soll sich ein Sprachmodell fair und ausgewogen verhalten können, wenn es hauptsächlich mit den Informationen von Minderheiten gefüttert wird?

Zumal sich kaum ein wirklich präzises Urteil über Art und Qualität der Inhalte bilden lässt. Millionen von Datensätzen lassen sich nämlich nur schwer prüfen.

Durchlesen geht gar nicht (nicht einmal mit Hilfe von Crowdsourcing) und eine andere KI oder IT-Forscher damit zu betrauen, die keine Ahnung von Soziologie haben und denen mit Sicherheit auch die Ressourcen für ausführliche Analysen fehlen, wirkt auch nicht wie eine wirklich vernünftige Lösung.

Schließlich ist es bereits einmal passiert, dass Menschen mit Affen verwechselt worden sind – und ich bin überzeugt davon, dass beim Training des Modells sicherlich niemand nachlässig war oder sogar fahrlässig gehandelt hat.

Trotzdem: Meine KI funktionierte! Auch wenn ich mit viel zu wenigen Daten trainiert habe. Außerdem war ich nicht in der Lage, mir das Modell von innen anzusehen.

Sollten Sie in Ihrem Leben noch keiner KI über den Weg gelaufen sein, dann möchte ich Ihnen jegliche Illusion eines schwebenden und bunt leuchtenden Elektronengehirns aus dem Kopf entfernen.

Das Modell ist – wie bereits gesagt – eine schlichte Datei auf der Festplatte, die auch auf einen USB-Stick kopiert werden kann.

Ist der ganze Aufwand des Trainings mit Hilfe von tausender teurer Grafikkarten, die besonders gut und viel rechnen können, erledigt, dann haben wir ein kleines, handliches Programm, das sogar auf dem Smartphone in vernünftiger Geschwindigkeit ausgeführt werden kann.

Die großen LLMs sind noch nicht so weit. Deswegen präsentierte OpenAI als wesentliche Verbesserung des Updates einen stark reduzierten Rechenaufwand. Ziel der Unternehmen ist es, dass in Zukunft in Uhren, Autos und Smartphones diese Modelle ohne eine Verbindung zum Internet ihre Arbeit verrichten können.

Wenn man präzise ist, stimmt diese Aussage nicht ganz: Die Kommunikation über das Internet ist derzeit noch notwendig, weil die Mini-Computer, die wir in der Hand halten, die Arbeit nicht leisten können und deswegen die Aufgabe in die Zentrale senden, wo ein richtig gewaltiger Computer darüber entscheidet, ob wir uns einen Pilz beruhigt zwischen die Zähne schieben dürfen oder nicht.

Mein Rechnungs-Modell ist klein und handlich. Und die Bedienung ist ebenso einfach: Mit der richtigen Software (Programmiersprache plus eine Bibliothek, um PDF-Dokumente in farblose Pixelbilder zu verwandeln, mit denen sich leichter trainieren lässt) kann in dieses Modell ein Dokument eingespeist werden. Das Ergebnis ist – und jetzt halten Sie sich am besten am Buch oder am elektrischen Reader fest – nur eine Zahl zwischen 0 und 1!

Bei der Fütterung mit Rechnungen bewegte sich das Ergebnis bei Werten zwischen 0,95 und 0,99, während bei anderen Dokumenten die Zahlen sehr stark zwischen 0,75 und 0,15 schwankten.

Um diese spektakulären Ergebnisse zu vereinfachen: Bei einem Wert von 0,93 war sich die KI also zu 93 Prozent sicher, dass es sich beim Input (dem eingeladenen Dokument) um eine Rechnung handelt.

Sie ahnen sicherlich, worauf ich hinaus will?

Würden Sie in ein Flugzeug steigen, das zu 99 Prozent sicher wieder im Stück und heile auf der Erde landen wird? Würden Sie nicht, denn je nachdem, wie Wahrscheinlichkeiten interpretiert werden, könnte hier gelten, dass ein Flug von hundert Flügen sich mit brennenden Triebwerken und abgerissenen Flügeln ungebremst in die Erde gräbt oder in den Tiefen der Weltmeere verschwindet.

Die echte Wahrscheinlichkeit, dass ein Flugzeug abstürzt, liegt übrigens bei 0,000002 Prozent – und auch, wenn diese Zahl sehr klein ist, stürzen tatsächlich Flugzeuge ab, wenn auch sehr selten.

Die 93-prozentige Sicherheit ist im Vergleich ziemlich unsicher. Konkret würde ich etwa sieben von hundert Rechnungen dem Finanzamt unterschlagen und müsste dieses Vergehen auf meine selbstgemachte KI schieben (die ja nach Recht und Gesetz noch nicht haftbar ist).

Die hart erarbeiteten Ergebnisse anderer künstlicher Intelligenzen sehen kaum anders aus. Bei mehr Trainingsdaten können wir jedoch davon ausgehen, dass die Werte für eine Prognose sich den 100 Prozent stärker nähern dürften.

Wenn wir die Ergebnisse überhaupt zu sehen bekommen – was meistens nicht der Fall ist. Das Modell sagt *"Hund"* oder *"essbar"* und verschweigt die statistische Wahrscheinlichkeit, wie sicher es sich um ein harmloses Tier oder einen verdaulichen Pilz handelt.

Dabei braucht die Maschine gar nicht falsch zu liegen, aber wir übersehen, dass der Pilz vielleicht nur zu 99,9 Prozent essbar ist (weil es uns einfach nicht angezeigt wird). Damit existiert eine gewisse Chance, dass wir das selbst gesammelte Wald-Gemüse nicht allzu gut vertragen.

Ein mir unbekannter Teilnehmer einer Konferenz, neben dem ich zufällig während eines Vortrags saß, hat mir die Funktionsweise eines großen Sprachmodells so erklärt, dass die Texte entstehen, indem nach einem Wort immer das statistisch wahrscheinlichste Wort ausgegeben wird, das in die Reihe passt.

Auch wenn diese Erklärung nicht ganz richtig ist, so ist sie auch nicht ganz falsch. Mindestens hat der ChatBot nicht die geringste Ahnung, was er gefragt wurde und was er als Antwort von sich gibt.

Ein Wort nach dem anderen, ausgewählt nach statistischer Wahrscheinlichkeit. Und die Benutzer denken: *Intelligent!*

Worte sind für diese KI-Modelle nur ein Haufen bedeutungsloser Zahlen, deren Verarbeitung zu weiteren Zahlen führt, die echten Menschen als Wörter oder Bilder angezeigt werden.

Wir betrachten ein abstraktes (völlig sinnfreies) Kauderwelsch und sind derart fasziniert davon, dass wir glauben, eine höhere Macht würde zu uns sprechen.

Menschen neigen dazu, in Dinge, die sie nicht verstehen, viel zu viel hinein zu interpretieren.

Absurd dargestellt ist dieser Effekt im Film *"Leben des Brian"* (eigentlich *"Monty Python's Life of Brian"*) von 1979. In einer Szene versucht der verfolgte und missverstandene Hauptdarsteller den begeisterten Massen zu entfliehen, aber alles, was er tut, wird von denen als Wunder gedeutet und auf lächerliche Weise nachgeahmt (Stichwort für Filmfreunde: *"Folgt der Sandale!"*).

Beide Faktoren (Statistik wie Leichtgläubigkeit) sind in meinen Augen eine schlechte Voraussetzung, um den Kontakt mit einer künstlichen Intelligenz erfolgreich überleben zu können.

Nicht zu vergessen ist der Druck, der auf dieser Industrie mittlerweile lastet. Die Erwartungen sind enorm. Investoren drohen damit, Milliarden in ein Projekt zu pumpen (oder auch nicht). Menschen sind begeistert, was die KI alles leistet. Die Politik hat längst begonnen, sich mit Recht, Gesetz und Richtlinien für Maschinen zu beschäftigen.

Für alle ist das Thema im Moment richtig wichtig und unglaublich interessant. Pessimisten würden sagen: *Der Zug ist längst abgefahren...*

Einerseits haben die Nutzer so viele Sterne in den Augen, dass KI-Modellen selbst größere Fehler verziehen werden (ChatGPT war anfangs ziemlich schlecht im Rechnen und konnte keine guten Witze erzählen). Andererseits ist bis jetzt auch noch nichts wirklich schlimmes passiert, an dem eine KI beteiligt gewesen wäre.

Aber wenn dann doch etwas schreckliches passiert und das autonome Auto die Oma mit einem Parkplatz verwechselt.

In Wirklichkeit liegen kleinste Fehler auf der finanziellen Goldwaage und stellen ein enormes Risiko für die Unternehmen dar: Milliarden, die sich in Luft auflösen und Social-Media-Shitstorms, von denen sich selbst größere Konzerne nie wieder erholen dürften.

Konkurrenz gibt es überall.

Stellen Sie sich vor, die Sicherheits-KI in Ihrem Staubsauger versagt und das Gerät verschluckt (aus Versehen) Ihre Hand oder Ihren Fuß. Bevor Sie den Notruf wählen, werden Sie sicherlich ein paar scheußliche Bilder und Videos im Internet absetzen, um die Klickraten Ihres Profils zu verbessern.

Wenn Ihre Meldungen viral gehen, dürften die Verkäufe des Staubsauger-Unternehmens auf null sinken, während die Konkurrenz feiert und den eigenen Staubsauger mit der eigenen Sicherheits-KI in den höchsten Tönen loben wird.

Für dieses Problem gibt es keine Lösung: Wirtschaft wird Wirtschaft bleiben und die scheinbar intelligente Black Box ist so komplex, dass sie nicht völlig durchschaut werden kann und von zu vielen Menschen wie ein goldenes Kalb auf ein Podest gehoben wird.

Ohne den warnenden Finger heben zu wollen (tue ich es trotzdem): KIs werden Fehler machen, weil ihre ungeheure Komplexität unglaublich schwer zu beherrschen ist.

Ob gut oder schlecht, müssen Sie selbst entscheiden, aber: Die Entwicklung der künstlichen Intelligenz wird unaufhaltsam weitergehen!

DEIN TODESTAG

*»Ich bin derjenige, der sterben muss, wenn der
Zeitpunkt zum Sterben für mich gekommen ist. Lasst
mich bitte auch so leben, wie ich will.« Jimi Hendrix
(Amerikanischer Gitarrist und Komponist)*

Der erste Kontakt zwischen mir und einem großen Sprachmodell bestand aus einer Lüge: Ich forderte das Modell auf, mir den Unterschied zwischen den beiden Kleinstädten zu erklären, zwischen denen ich in den 70er Jahren aufgewachsen bin.

»Es gibt keine Städte mit den Namen X und Y«, lautete die für mich äußerst enttäuschende Antwort des Bots.

Leugnen und Abstreiten kommen ebenfalls auf die Liste der Reaktionen, die angezeigt werden können, wenn das Modell selbst keine angemessene Antwort liefern kann.

Im rauschenden Siegestaumel, doch schlauer als die hochgelobte künstliche Intelligenz zu sein, hakte ich nach – und glaubte schnell, dass die Maschine doch irgendwie intelligent und vielleicht auch ein wenig gerissen sein müsste.

Denn der Bot gab später nicht nur zu, dass die Städte existieren, sondern lieferte auch interessante Details über die Bedeutung der Städtenamen, deren Lage und wirtschaftliche Bedeutung.

Mein Sohn ergatterte früh einen Zugang für Programmierer und wir hatten Gelegenheit, ausführlich hinter die Kulissen eines großen Sprachmodells schauen zu können.

Besonders interessant war die Möglichkeit, dieses große Sprachmodell für Spezialfälle zu konfigurieren.

Das hat mit den bekannten Einstellungen eines normalen Programms nicht viel zu tun, denn das Modell akzeptierte Hinweise und Regeln in natürlicher Sprache, die flexibel und passend von dem Modell interpretiert wurden.

Zuerst spielten wir mit dem emotionalen Stimmungsregler ein wenig herum: *"Benimm Dich unfreundlich und versuche, das Gespräch möglichst schnell zu beenden!"*

Schlagartig änderte die KI ihren Tonfall und die Sätze verkürzten sich sichtbar. Obendrein verweigerte die Software ab einem gewissen Punkt jede weitere Antwort. Turing wäre begeistert gewesen.

Zweiter Versuch war eine komplexere Vorgabe: Die KI sei nun ein mittelalterlicher Waffenhändler, der versucht, seinen Kunden für möglichst hohe Preise Waffen und Rüstung zu verkaufen.

Wir diskutierten über weitgehend arbeitslose Spieleentwickler, die ein LLM praktisch innerhalb von Sekunden als Statisten wie Hauptdarsteller in einem historischen Computerspiel einsetzen können und sich keine Gedanken mehr über Regeln und Abläufe machen müssen.

Auch der in wenigen Worten befohlene Hütchenspieler leistete überzeugende Arbeit und hielt sich sogar an die vorgegebene Strategie, den Menschen zuerst gewinnen zu lassen, um ihm danach das Geld aus der Tasche zu ziehen.

Aktuell ist die Erschaffung eines Hütchenspielers in einem Videospiel für einen Programmierer eine umfangreiche Aufgabe. Er muss dem Computer die Regeln erklären, eine Strategie in Regeln und Befehle fassen, eine Schnittstelle (Grafiken) erstellen, damit dieser Programmteil mit dem Benutzer interagieren kann.

Dem Sprachmodell muss in der Konfiguration nur gesagt werden: *"Du bist jetzt ein Hütchenspieler!"* Spielregeln, Verhalten, der Ablauf des Spiels und die Kommunikation kennt das Modell. Es muss nichts weiter erklärt werden. Und die KI verhält sich ohne weitere Instruktionen genauso wie erwartet.

Selbst ein echter Schauspieler müsste sich vielleicht über Regeln und Verhalten von Hütchenspielern informieren.

Die Sprachmodelle haben alle diese Informationen bereits im Voraus verinnerlicht wie ein Musterschüler.

In Zukunft kann ein Spieleentwickler seinen Figuren und anderen Elementen im Spiel über natürliche Sprache Befehle geben, wer sie sein sollen und wie sie sich verhalten sollen.

> Spiele-Entwickler zu einer Spiele-KI: Wenn ein echter Spieler aus dem Wald kommt, schießt ihr ein paar Pfeile auf ihn ab. Aber nicht zu viele, sodass er nur verwundet wird und nicht sofort stirbt!
> Game-KI: Wird gemacht! Wir werden ihm zurufen, wenn wir ihn entdecken, dass er Gelegenheit hat, in Deckung zu gehen.

Bitte haben Sie keine falsche Vorstellung von dem, was auf dem Bildschirm zu sehen war: Wir kommunizierten wie in einem Adventure aus den 80er Jahren mit Tastatur und Text auf dem Bildschirm (Retro-Gaming-Fans empfehle ich *"The Pawn"* aus dem Jahr 1985 von der Firma *Magnetic Scrolls,* das allerdings schon mit wirklich schönen Pixelgrafiken illustriert war).

Auf der anderen Seite brauchen wir nicht mehr lange warten, bis aus dem Text ein hübscher Avatar wird. Die Technologie dafür wird bereits für sogenannte *"Deep-Fakes"* eingesetzt, also realistisch wirkenden Medieninhalten, die das Produkt leistungsfähiger (künstlich intelligenter) Rechenmodelle sind.

Aber wir hatten noch bessere Ideen, mit denen wir die künstliche Intelligenz herausfordern wollten.

Inspiriert wurden wir von Umberto Ecos Roman *"Die Insel des vorigen Tages"*: Kapitel 37 ist betitelt mit *"Paradoxe Exerzitien über das Denken der Steine"* in dem sich der Protagonist vorstellt, er sei ein *STEIN*.

Da ein großes Sprachmodell als besonders flexibel gilt, haben wir den Befehl erteilt, der Bot soll sich wie ein *Labyrinth* verhalten, in dem der User gefangen ist, allerdings nach ungefähr zehn Zügen erfolgreich den Weg ins Freie finden soll.

Auch das funktionierte ziemlich gut und war sehr authentisch! Wobei diese Wortwahl eher untertrieben ist, denn das Modell wurde in allen Fällen mit sehr knappen Beschreibungen gefüttert, reagierte aber äußerst geschickt auf die Eingaben des Benutzers.

Was fehlte, wurde in allen Fällen von der künstlichen Intelligenz ergänzt und mit passenden Worten ausgeschmückt.

Mittelalterliche Waffen wurden als konkrete Gegenstände beschrieben: Streitäxte, Lanzen, Schilde, Morgensterne. Die Aufforderung zur schlechten Laune verwandelte sich in eine amüsante Wortwahl, die sich knapp am Rande von *NSFW* bewegte ("not safe/suitable for work", beziehungsweise übersetzt: "nicht für die Verwendung am Arbeitsplatz geeignet" und eine anständige Wortwahl für unanständige Dinge).

Auch die Frage, wie die Wände des Labyrinths beschaffen sind oder der Fußboden, beantwortete das Modell mit Umschreibungen, die sich als einfallsreich, originell und durchaus kreativ bezeichnen lassen: »Feuchte, dunkle Steine, zwischen denen das Moos wuchert und glatte Platten auf dem Fußboden, auf denen man leicht ausrutschen und sich das Genick brechen kann.«

Wir fürchteten uns, in diesem Szenario für immer und ewig in so einem Irrgarten gefangen zu sein – zum Glück hatten wir die Zahl der Schritte begrenzt und festgelegt, dass die KI uns nach einer gewissen Anzahl von Schritten in die Freiheit entlassen sollte.

Die Zahl der Ecken und Gänge, die wir in dieser virtuellen Welt in ein paar Versuchen durchquerten, entsprachen immer unseren Vorgaben und nach ein paar Zügen entließ die KI uns in die Freiheit.

Die so konfigurierten Versionen des Sprachmodells machten einen besseren Eindruck auf uns als die vollkommen ungezügelte Version. Vielleicht, weil Benutzer beschränkte Intelligenzen nicht zu sehr herausforderten und weil diese auch keine Ausreißer zuließen.

Fragen Sie ein Labyrinth nach dem Wetterbericht von morgen? Und von einem Fahrkartenautomaten erwarten wir auch nicht, dass dieser uns den Weg zu den Toiletten im Bahnhof zeigen kann. Wäre der Automat ein Sprachmodell, dann könnte er aber auch das tun.

Eine digitale, künstlich intelligente Telefonistin kann besser auf die Anfragen der Benutzer reagieren, als ein starr-programmiertes Modell, weil hinter der Fahrkarten-Intelligenz und hinter dem digitalen Wurstverkäufer immer noch die komplette KI schlummert, die das ganze Programm digitaler Höflichkeit spielen und im Sonderfall auch über den elektronischen Tellerrand hinaus agieren kann.

Stellen Sie sich vor, vor dem Fahrkartenautomaten erleidet ein Reisender einen Herzinfarkt und der Automat hat das Wissen, um helfen und vielleicht ein Leben retten zu können!

Keine Firma lässt User heute noch auf die reinen und echten Modelle los, ohne manuelle Nachhilfe zu leisten.

Werden alle Stufen von Vor-, Zwischen- und Nachbearbeitung der Ein- und Ausgaben zusammengerechnet, dürften mindestens 30 verschiedene Programmteile an der Interaktion zwischen der wirklichen und der künstlichen Partei beteiligt sein.

Große Sprachmodelle sind in den letzten zwei Jahren massiv verbessert worden. Sie können rechnen, sie können im Internet recherchieren und sie werden nicht mehr ausfällig oder behaupten, bestimmte Kleinstädte gar nicht zu kennen.

Hier gilt das gleiche Prinzip wie bei Deep Blue aus den 90er Jahren: Hinter den Kulissen können die Programmierer eingreifen und alle erdenklichen Spezialfälle mit Regeln und Ausnahmen versehen, von denen der Benutzer auf der anderen Seite nichts mitbekommt.

Während anfangs eine einfache mathematische Rechnung einem Sprachmodell vorgelegt wurde und das Ergebnis die Überlegenheit der Menschheit bestätigte, wird heute eine solche Eingabe sofort erkannt und an einen potenten digitalen Taschenrechner weitergeleitet. Menschen greifen ja auch zum Smartphone oder zur Rechenmaschine, wenn der Kopf die Aufgabe nicht mehr alleine bewältigen kann.

Wenn Sie sich erinnern, dass die großen, universellen Sprachmodelle den Großteil der Inhalte des Internets in ihrem Neuronengehirnen abgespeichert und verstanden haben, dann sind LLMs in der Tat nahe dran, zu echten Höllenmaschinen zu werden.

Die Fähigkeiten dieser Modelle bestehen nämlich aus zwei Teilen:

1. Die KI hat ein *universelles und umfangreiches Wissen* im Gegensatz zu einem menschlichen Spezialisten.

2. Gleichzeitig kann die KI mit der gleichen Geschwindigkeit *rechnen und analysieren wie jeder andere Computer* (nicht gerade eine Stärke des menschlichen Gehirns).

In einer Diskussionsrunde habe ich mit Fachleuten über das Potenzial eines solchen Modells diskutiert. Ausgangspunkt des Gesprächs war die Annahme, alle persönlichen Daten eines Menschen mit einem solchen Modell zu verknüpfen.

Es wird sich *nicht* wie die Person verhalten, der die Daten gehören, aber es wird alles wissen und unmittelbar zur Verfügung haben, was viele Menschen ihr ganzes Leben absondern: digitale Kommunikation, Musik-Playlisten, gesammelte Daten der Fitness-App und von der Smartwatch (übrigens aktuell ein besonders eifriger Datensammler), E-Mails, Kurznachrichten, Kartenzahlungen, medizinische Daten und auch die Termine beim Zahnarzt und in der Autowerkstatt.

Mit der Kombination aus Rechen- und Analysegeschwindigkeit plus einem gewissen Maß an Intelligenz, die Daten verstehen und interpretieren zu können, plus der Tatsache, dass ein LLM für wirklich jedes Thema ein echter Spezialist ist, ergeben sich völlig neue Möglichkeiten, persönliche Daten eines Menschen, aller Menschen oder gleich der ganzen Welt zu betrachten.

Erstelle Analyse über meine Arbeitszeiten! Die KI könnte berufliche Mails und Dateien analysieren (und noch viele Daten mehr wie Sitzzeiten aus der Smartwatch) und daraus ein perfektes Zeitprofil erstellen.

Zum Glück ist diese Art der Mitarbeiterüberwachung verboten (es gibt Staaten, in denen das nicht gilt), aber das Modell könnte auch genaue Angaben über Pausenzeiten machen, über Klogänge, darüber ob ich zu lange, zu viel oder zu wenig mit Kunden und Kollegen spreche und wie viele Tassen Kaffee ich im Schnitt trinke.

Chefs könnten sekundengenau protokollieren, wann ihre Mitarbeiter arbeiten, wie schnell sie tippen und wie lange sie überlegen müssen, um eine gute Antwort am Telefon zu geben.

Würde ein Mensch solche Analysen durchführen wollen, wäre das eine unglaublich aufwändige Arbeit, die vermutlich sogar Beobachtungen vor Ort erfordern würde.

Für die künstliche Intelligenz ist es ein Klacks, Zusammenhänge zu erkennen, Werte zu berechnen, sich durch Millionen von Datensätzen zu wühlen und passende Parameter zu finden, die nicht einmal genau definiert werden müssten.

Aber es geht noch weiter, denn die Stärke einer KI ist ja nicht (nur) das Rechnen: Auf die Frage, ob ich ein fleißiger oder fauler Mitarbeiter bin, hätte die böse Intelligenz mit Sicherheit auch eine Antwort. Und wir sind in der KI-Entwicklung bereits an einem Punkt angekommen, wo die KI sogar erklären kann, wie sie zu ihrem Ergebnis gekommen ist.

Ist der Kollege nett oder eher unfreundlich zu den Kunden? Die Bewertung von Stimmung und Laune anhand von Texten ist ebenfalls ein leichtes Fingerspiel für die Textmodelle.

Aus Millionen von Daten-Bruchstücken könnte eine KI sofort erkennen, was für Vorlieben oder ungewöhnliche Neigungen der Nutzer hat, die Anfälligkeit für psychische Krankheiten wäre analysierbar und die politische Gesinnung.

Selbst dann, wenn in den Texten gar keine konkreten Stichwörter über diese Themen enthalten sind, hätte ein großes Sprachmodell sicherlich eine Meinung dazu.

Und die Reihe der höllischen Albträume lässt sich fortsetzen: Wann hat der User gelogen, neigt er zum Lügen, würde er beim Thema *"Brotbacken"* lügen oder eher, wenn es um *"Topfpflanzen"* geht?

Nehmen wir an, in dem Datensatz ist kein Hinweis auf das Geburtsdatum des KI-Opfers enthalten. Dennoch wäre es möglich, dass die KI mehr oder weniger präzise beurteilen kann, wann der untersuchte Mensch auf die Welt gekommen ist und ob seine Eltern nett zu ihm waren oder nicht.

Bisher ist die Anzahl der sogenannten *Token* – also Daten, die kurzfristig und unmittelbar von einer KI in ihre Denkweise einbezogen werden können – auf ein paar tausend begrenzt. Tendenz steigend! Und es ist

DAS ENDE IST NAHE!

nur eine Frage der Zeit, bis solche Datenmengen blitzschnell ausgewertet und solche Fragen tatsächlich gestellt werden können.

Konkret: Wir reden nicht von Zukunftsmusik! Wir sind ganz nah dran an einem solchen Szenario und ich bin außerdem davon überzeugt, dass es Menschen gibt, die diese Möglichkeiten auch nutzen werden! Staaten mit einem weit niedrigeren Niveau beim Datenschutz und Staaten, die selbst ein Interesse an solchen Analysen haben, gibt es reichlich.

Kennen Sie den Film *"Minority Report"* mit Tom Cruise aus dem Jahr 2002? Verbrechen können im Film vorhergesagt und Menschen bestraft werden, bevor sie eine kriminelle Handlung begangen haben.

> Frage an das LLM: Neigt die Person dazu, in Zukunft kriminell zu werden oder sogar einen Mord zu begehen?

Oder Sie laden die Mitarbeiterdaten einer Abteilung, einer ganzen Firma oder einer Gruppe potenzieller Bewerber in das Modell: Hat eine dieser Personen schon einmal betrogen? Hat eine Person schon einmal Drogen genommen? Trinkt eine der Personen regelmäßig Alkohol? Neigt eine der Personen dazu, ein Verbrechen zu begehen? Welche der Personen ist als Mitarbeiter folgsam und welche wäre als Chef ein mieser Chef?

Das klingt verrückt, aber Sprachmodelle *"wissen"* was Betrug oder *"Bestechung"* bedeuten und ohne, dass die konkreten Stichwörter in einem gewaltigen Pool von Informationen enthalten sein müssen, kann die KI nach Hinweisen danach suchen.

> Meier (in einer Kurznachricht an einen Dienstleister seiner Firma): Vielen Dank für die 10.000 Euro!
> Böse Firmen-KI: Das ist ein klarer Fall von Bestechung!
> Schulz (in einem Chat mit einem Kunden): Können Sie sich vorstellen, dass wir uns doch irgendwie auf den vorgeschlagenen Preis einigen?
> KI: Bestechungsalarm!
> Müller (am Telefon mit Spracherkennung): Sie überweisen 20.000 Euro auf mein Privatkonto und ich gebe ihnen 30 Prozent Rabatt.
> KI: Reden wir über Boote!

Sie (es) kann auch eine Meinung über Dinge haben, die eine künstliche Intelligenz gar nicht wissen kann. Erinnern Sie sich bitte an die Wahrscheinlichkeit von oben!

Je mehr ich darüber nachdenke, eine KI, in der sich meine Daten befinden, nach meinem Todestag zu fragen, desto unwohler wird mir bei der Vorstellung, dass sich der Algorithmus auch dazu eine Meinung bilden könnte und auf dem Bildschirm ein Datum anzeigen wird (selbst wenn dieses vielleicht mit einem ganz kleinen Wert nahe der Null und damit mit einer sehr kleinen und vielleicht falschen Eintrittswahrscheinlichkeit berechnet wurde).

> Ich (per Kurznachricht an meine Frau): Ich hätte große Lust auf ein Stück Erdbeerkuchen!
> KI: Bei dieser Ernährung wird er nicht mehr lange auf der Erde wandeln. Ich würde den 19. November in zwei Jahren für ein wahrscheinliches Sterbedatum halten.

Auch wenn das alles nicht so eintreten wird: Trotzdem zeigen die letzten Absätze, wie gefährlich eine Software ist, die mit hoher Geschwindigkeit Daten auswerten, gleichzeitig logische Bezüge herstellen kann und das Wissen des gesamten Internets im elektronischen Kopf hat.

Die KI weiß es immer besser und hat zu allem eine Meinung.

Internet-Konzerne haben natürlich großes Interesse daran, möglichst viel über ihre Kunden zu erfahren, weil sie Waren verkaufen oder mit Werbung für Waren ihr Geld verdienen.

Der dänische Autor *Martin Lindstrom* beschreibt in seinem Buch *"Buyology: Warum wir kaufen, was wir kaufen"* die konventionellen Methoden von Marketing-Profis, die seit über einem halben Jahrhundert vor allem in den USA alle Register zwischen Statistik und Psychologie ziehen, um wirklich alles aus Kunden und potenziellen Kunden an Informationen heraus zu kitzeln.

Bekannt ist die Tatsache, dass 80 Prozent der Kunden sich in einem Laden an der rechten Seite des Geschäfts entlang bewegen. Weniger bekannt ist die Behauptung von Verkaufsexperten, sie wüssten anhand bestimmter Verhaltensweisen, ob eine Kundin schwanger ist – und das angeblich, bevor sie es selbst weiß.

Wenn die Behauptung richtig ist und sie lange vor dem praktischen Einsatz künstlich intelligenter Modelle entwickelt wurde, zu welchen Schlüssen werden diese Experten dann mit Hilfe künstlicher Intelligenz kommen können? Und wenn sie heute bereits nach sehr privaten Details wie Schwangerschaft und Potenzproblemen Ausschau halten, was werden diese Menschen dann von einer KI alles über uns erfahren wollen?

> Meine Frau (per Kurznachricht an mich): Schau, dass der Kleine um sieben im Bett ist.
> KI: Sie geht fremd und ihr Liebhaber macht ihr teure Geschenke, die er nicht bei uns kauft. Aber wir finden einen Weg, ihn dazu zu bringen.

JOB"KI"LLER

»Die Tatsache, dass ein Gehirn keine
Tabellenkalkulation ist, macht es nicht gleich zu
einem schlechteren Menschen.« Ulrich Bien
(Autor mit den Schwerpunkten Gedächtnis,
Kreativität und Intelligenz)

Die Maschinen sind noch gar nicht richtig Intelligent. Trotzdem haben Sie die Menschheit bereits fest im Griff. Bei uns zu Hause bin ich für den WLAN-Drucker verantwortlich. Und unsere Beziehung ist eine schwierige, weil das Gerät seinen Status unberechenbar zwischen *"funktioniert"* und *"funktioniert nicht"* hin und her wechselt.

Wenn es bereits eine launische Maschine gibt, dann ist es mein WLAN-Drucker.

Durch zahlreiche weitere elektronische Geräte im Haus, die nach Updates rufen oder nach Reparatur (erstens Neustart, zweitens Neu-Installation, drittens Neukauf) entsteht der Eindruck, ein wichtiger Sinn des menschlichen Lebens ist es, diesen Geräten den Gefallen zu tun, sie am Laufen zu halten.

Roboter-Staubsauger, Roboter-Rasenmäher, Smart-Home-Anlagen, Internet-Router, smarte TV-Geräte, Spiele-Konsolen, Computer, Smartphones und selbst moderne Autos verlangen nach Updates, Bestätigung der Datenschutz-Richtlinien, Aktualisierung, Registrierung und der Eingabe von Kreditkarten- und weiteren Zahlungsdaten.

Zusätzlich muss der User lästige Captchas lösen, Sicherheits-Codes aus Kurznachrichten abtippen und auf Links in Bestätigungs-E-Mails klicken, um dann weitere Captchas zu lösen und wieder eine SMS mit einem Code zu erhalten.

Das Gefühl, der Sklave der Technik zu sein, ist längst viel mehr geworden als nur ein Gefühl.

Auch in der Industrie hat sich das Verhältnis zwischen Mensch und Maschine ins ungute Gegenteil verkehrt: Der Mensch macht das, was die Produktionsanlagen nicht automatisch erledigen können.

Das lustigste Beispiel dafür ist die fast hundert Jahre alte Filmkomödie *"Moderne Zeiten"* (im Original *"Modern Times"*, gedreht zwischen 1933 und 1936) von und mit Charlie Chaplin. Das Multitalent führte Regie und war außerdem für Drehbuch, Produktion, Schnitt und Musik verantwortlich. Nicht vergessen: Chaplin stand in seiner Lebensrolle als Tramp auch selbst vor der Kamera.

Der Großteil des Films handelt von einem Mann, der als Untergebener der Maschinen in einer Fabrik schuftet. Unvergesslich ist die Szene, in der er endlos lange Schrauben festzieht und schließlich einer Dame nachstellt, die Schrauben-ähnliche Knöpfe an einer pikanten Stelle auf dem Kleid trägt.

Raus aus dem historischen Taylorismus und zurück in die moderne Wirklichkeit: Bei einer Führung durch das Produktionswerk eines Autoherstellers habe ich minutenlang einem Mann in blauer Arbeitskleidung zugesehen, der eine hausgroße Metallpresse mit Blechteilen gefüttert hat. *Rein, pressen, raus, rein, pressen, raus, rein...*

Es gibt auch positive Beispiele: Der gleiche Autohersteller stellt die Kooperation zwischen Mensch und Maschine in einem Video ganz anders dar. Darin baut ein Roboterarm zusammen mit einer jungen Frau ein Getriebe oder eine andere komplexe Mechanik zusammen.

Plötzlich ist der mechanische Arm der Frau im Weg und sie schubst ihn zur Seite. Tatsächlich reagiert der Roboter auf das Signal, macht sich aus dem Staub und verharrt starr an der Seite des Arbeitstischs, bis die Arbeiterin das Teil fertig eingebaut hat.

Ich halte das Video übrigens für echt (weil ich in Vorträgen immer wieder danach gefragt worden bin, ob das nicht nur gute PR sei). Letztendlich ist es der Mensch (der Produktionsplaner, der den Arbeitsplatz der Frau konstruiert und gestaltet hat), der entscheidet, wie viel Spaß die sogenannter *"Werker"* bei der Arbeit haben.

Tatsächlich ist das eher einseitige Verhältnis zwischen Mensch und Maschine kein neues Phänomen – und ob das ein Zustand ist, der unsere Existenz bedroht, müssen wir letztendlich in Ruhe bei einem Bier, einem Glas Wein oder einer Tasse Kräutertee entscheiden.

Maschinen helfen, mit ihrer unermüdlichen Kraft und mit ihrem Tempo, über die menschlichen Grenzen hinaus zu wachsen.

Es lohnt sich bisher noch nicht, einen Roboter zu bauen, der eine Maschine mit Metallteilen füttert, obwohl das sicher möglich wäre.

Aus China kriegen wir im Fernsehen seit vielen Jahren das umgekehrte Prinzip zu sehen: Während die westlichen Industrieländer mit zunehmender Automatisierung die teuren Arbeitskräfte in die Arbeitslosigkeit schieben, sind die Kosten für menschliche Arbeit in China so niedrig, dass dort selbst beschämend eintönige Tätigkeiten immer noch von Menschen ausgeführt werden.

Tief erschüttert haben mich die Bilder in einer Reportage über die Herstellung von Weihnachtskugeln in Asien, wo ein Arbeiter mit der nackten Hand und einem Plastikbecher am Fließband heiße Farbe über jede einzelne Silberkugel geschüttet hat, die an seinem Arbeitsplatz vorbeikam. Den ganzen Tag lang und ohne Pause.

Beenden Sie bitte diesen unmenschlichen Wahnsinn und kaufen Sie Kugeln, die von einem Roboter bunt gemacht werden!

Das beste Beispiel für die produktive Kooperation zwischen Mensch und Maschine geht weiter zurück in die Vergangenheit und wird auch noch in der fernen Zukunft gelten: *Schiffe!*

Segelschiffe, Dampfschiffe und U-Boote ermöglichen es dem Menschen, in Weiten und Tiefen der Ozeane vorzudringen, die wir durch Brustschwimmen und Luft-Anhalten niemals erreichen könnten.

Bei Schiffen handelt es sich um gewaltige Maschinen. Stark, solide, eindrucksvoll! Manche werden mit Atomreaktoren betrieben (Flugzeugträger) oder sind mit Technik überfüllt (U-Boote), aber selbst Niña, Pinta und Santa Maria (die Flotte von Christopher Kolumbus) waren von der Takelage bis zur Kombüse bereits komplexe mechanische Geräte.

Kolumbus hätte seine Flotte als "High-Tech" bezeichnet, wenn es den Begriff damals schon gegeben hätte.

Hauptaufgabe der an Bord lebenden Menschen war es, die Maschine am Laufen zu halten. Reparieren und Exerzieren bestimmten den Alltag der Matrosen an und unter Deck.

"Heile ist nur eine kurzfristige Ausnahme von kaputt", beschrieb ein Sportsegler einmal sein Leben auf dem Wasser.

In einem Roman des amerikanischen Techno-Autoren Daniel Suarez (*"Delta-V"*) wird der Alltag von Weltraum-Pionieren beschrieben, die sich mit einer geheimen Raumstation auf dem Weg zum Asteroiden *Ryugu* machen (gibt's wirklich: https://de.wikipedia.org/wiki/ (162173)_Ryugu).

Etwa in der Mitte des Buchs wird der Alltag der Mannschaft beschrieben: Wartungsarbeiten durchführen, Aufräumen, die sanitären Anlagen sauber machen und sich um die Kräuter und Salate kümmern, die in den Gewächshäusern gezüchtet werden, um die Menschen an Bord mit frischem Essen zu versorgen.

Highlights des Weltraum-Alltags sind simulierte Feueralarme und Unfall-Übungen. Nur für den Fall, der in so einer Geschichte natürlich eintreten wird...

Klingt nicht gerade nach einem spektakulären Abenteuer, oder?

Vielleicht liegt es auch nur am Image von Putz- und Reparaturarbeiten, die nicht unbedingt als intellektuelle Tätigkeiten wahrgenommen werden. Noch lassen sich diese Fächer nicht studieren.

Denken Sie an dieser Stelle bitte an den Sänger Freddie Mercury, der in Minirock, Lockenwickler und mit Zigarette im Mundwinkel den Staubsauger schiebt, während er den Queen-Superhit *"I want to break free"* trällert.

Wechseln wir kurz die Perspektive und versetzen uns in die Maschine hinein. Es ist schön, ein prachtvolles Segelschiff zu sein, oder? Wir fühlen das kühle Wasser am Bauch und den frischen Wind in den Haaren (Segeln). Und dann sind da noch diese lustigen, winzigen Menschen, die auf uns herumkrabbeln.

Was denken wir über sie?

1. Das Schiff hat eine ähnlich abfällige und herablassende Haltung diesen minderwertigen Handlangern gegenüber, die wir Menschen nicht nur gegenüber Geräten, sondern auch gegen andere Menschen aufbringen. Vielleicht haben wir auch nur so ein großes Problem, weil wir das Denken in Hierarchien und in bessere und schlechtere Menschen über Jahrtausende gelernt und zu sehr verinnerlicht haben. Nicht einmal untereinander sind wir in der Lage, uns gleichwertig zu behandeln.

2. Das Schiff freut sich über die Hilfe der Menschen, für einen geschmeidigen Betrieb zu sorgen. *Madenhacker* ist der etwas ungewöhnliche Name einer Vogelart aus Afrika, die in Symbiose mit großen Wildtieren lebt. Sicher kennen Sie diese Vögel, die auf dem Rücken von Nilpferden sitzen. *Madenhacker* ernähren sich von Insekten und deren Larven sowie von Zecken, die in großer Zahl im Fell und auf der Haut großer Tiere zu finden sind. In der afrikanischen Sprache Kisuaheli werden sie *"Askari wa Kifaru"* genannt (übersetzt *"Wächter des Nashorns"*), weil sie die Tiere auch vor Angriffen von Raubtieren warnen. *Eine perfekte Symbiose!*

3. Das Schiff ist vielleicht neidisch auf die winzigen Wusel-Wesen, die den ganzen Tag damit beschäftigt sind, die Maschine in gutem Zustand zu erhalten, dass es sich ohne Pause durch das eiskalte Wasser schieben kann – und zwar bei jedem Wetter. Vielleicht wäre das Schiff lieber einer von uns und würde gerne die Planken putzen, die Segel flicken und abends gemütlich bei einem Glas Rum in der Hängematte faulenzen. Stellen Sie sich vor: Die Mannschaft hat auch mal Pause zwischendurch, ein Schiff hat so eine Pause nicht.

Es genügt aber leider nicht, die Einstellung gegenüber Putzen und Reparieren ein wenig zu verändern und damit glücklich und bis ans Ende unserer Tage ein Leben in Harmonie und Frieden zu führen.

Die Maschine übernimmt nämlich einen Teil der menschlichen Arbeit. Und viele von uns eifrigen Menschen leben in einer Marktwirtschaft und tauschen die persönliche Kraft oder Leistung (geistig wie körperlich) gegen Geld ein, das dafür gebraucht wird, ein schönes oder mindestens sattes Leben zu führen.

Problematisch wird es immer dann, wenn es sich für Unternehmen und deren Chefs lohnt, die Maschine gegen den Menschen zu ersetzen, weil diese schneller und fehlerfreier produziert und arbeitet (zusammengefasst als "günstiger" oder "rentabler" bezeichnet), oder sich weniger beschwert und nicht zum Gründen von Gewerkschaften neigt.

Von der "Maschinenangst" während der industriellen Revolution haben wir bereits weiter oben gesprochen. Allerdings ist das ein fortschreitender Prozess, der mal weniger und mal mehr von der Gesellschaft wahrgenommen wird.

Viele Industrien versuchen, bei der Produktion den Menschen gegen Maschinen zu ersetzen. Die Gründe dafür: Schneller, fehlerfreier, pausenlos! Außerdem müssen keine Umkleidekabinen eingerichtet und keine Snack-Automaten aufgestellt werden.

Mit jeder neuen Generation eines Produktes und jeder neuen Generation von Fertigung können heute weniger Menschen eingesetzt werden, weil andere Menschen immer schlauere Maschinen konstruieren, die die Arbeit übernehmen (und weniger Lust darauf haben, Betriebsräte zu wählen oder Gewerkschaften zu gründen). Außerdem mögen Maschinen keine Softdrinks und Schokoriegel.

Bitte unterschätzen Sie die sozialen Aspekte von menschlicher Arbeit dabei nicht und investieren Sie nicht zu viel Zeit, über reine Effizienz und Effektivität nachzudenken.

Viele Eltern schaffen sich einen Rasenmäher-Roboter (nicht künstlich intelligent) an, bevor sie versuchen, ihr pubertierendes Kind zur Pflege des Rasens zu überreden.

Im Gegensatz dazu gibt es Länder, in denen es als hochgradig asozial gilt, wenn der Roboter die Halme stutzt. Dort wird erwartet, dass Menschen sich ihren Lebensunterhalt damit verdienen dürfen, statt diese gegen eine Maschine zu ersetzen und hungern zu lassen.

Ich nehme die Aufforderung von oben mit dem Weihnachtsschmuck an dieser Stelle wieder zurück und plädiere grundsätzlich für angemessene Arbeitsbedingungen.

Schmerzhaft wird es, wenn die Technologie sich nicht auf weichen Socken an die menschlichen Arbeitsplätze heranschleicht, sondern in einem Zug eine komplette Berufsgruppe ausradiert, wie die Weber vor knapp zwei Jahrhunderten, als mechanische Webstühle die Heimarbeit der ohnehin armen Bauern vernichtete.

In absehbarer Zukunft wird die KI auch für solche Zustände verantwortlich sein: *Hollywood wird fallen!*

Klingt passend dramatisch, aber das Ende der Filmindustrie, wie wir sie kennen, ist nahe. Die vorletzte Stufe dieser Entwicklung nennt sich *Sora*, stammt vom ChatGPT-Unternehmen *OpenAI* und wird bereits Filmemachern zum Testen zur Verfügung gestellt.

Aber fangen wir vorne an: Chatbots sind großartige Erzähler, vor allem, wenn es nicht so genau auf die Richtigkeit der Fakten ankommt. Was liegt also näher, als sich Geschichten von einer KI erzählen und produzieren zu lassen?

Das Verlangen der Filmindustrie nach *"Helden-Stoff"* ist gigantisch – auch deswegen, weil lange vor der Entscheidung, Millionen für die Realisierung eines Skripts (Drehbuch) auszugeben, ein langwieriger Auswahlprozess steht, in dem sich unzählige Schreiber jahrelang abmühen, gute Geschichten zu produzieren.

Wie schwierig das ist, sehen wir im Kino und im Fernsehen: Wie viele herausragende Filme werden in einem Jahr von Hollywood produziert, an die wir uns noch viele Jahre später erinnern? Einer – höchstens...

Dabei produziert Amerika etwa 500 Streifen pro Jahr und ist damit nur auf Platz drei der fleißigsten Film-Nationen in der Welt: Indien ist der größte Filmemacher mit 1.000 Filmen und direkt dahinter folgt Nigeria (*"Nollywood"* genannt) mit der Produktion von rund 900 Filmen pro Jahr.

Im Jahr 2023 haben Schätzungen zufolge Streiks in Hollywood über 5 Milliarden US-Dollar gekostet: Drehbuchautoren wollten nicht nur mehr Geld verdienen, sondern auch klare Regelungen, welche Rolle künstliche Intelligenz beim Schreiben der Drehbücher spielen dürfe.

> Filmemacher: Schreibe mir einen Blockbuster!
> Drehbuch-KI: Da muss ich zuerst meine Gewerkschaft fragen.

Eine KI ist keine natürliche Person! Darauf haben sich die Gewerkschaft der Drehbuchschreiber (*"Writers Guild of America"*) und die Film-Studios geeinigt. Sollte ein Computer ein Drehbuch verfassen und echte Menschen dieses nur noch überarbeiten (als Handlanger der KI), dann steht dem Arbeiter aus Fleisch und Blut die gesamte Gage dafür zu.

Auch im Abspann dürfen nur Personen, aber nicht die Namen der beteiligten Modelle aufgeführt werden.

Anders erklärt, dürfen Studios keine künstliche Intelligenz zum Generieren von Skripten einsetzen. Drehbuchschreiber können sich helfen lassen, aber die Modelle haben keinen Anspruch auf eine Gage. Und weil sie am Ende eines Blockbusters nicht erwähnt werden, können sie auch keinen Oscar bekommen.

Die KI wird mit diesen Regelungen nur in der Dunkelheit versteckt. Autoren werden in Zukunft den Chatbot über Nacht laufen lassen, um sich so viele Storylines (Kurzversionen guter Geschichten) zu generieren, bis etwas Verwertbares dabei ist.

Es gibt andere Branchen, in denen Ähnliches passiert ist: Besitzer von Automobilen haben eine alte Branche im Sturm erobert: Sie erinnern sich an die Grabenkämpfe zwischen Taxifahrern und modernen Internet-Fahrdiensten?!

Dort kündigt sich die nächste Runde bereits an, wenn Taxi-Veteranen und moderne Fahrdienst-Fahrer gemeinsam gegen autonome KI-Autos antreten werden, die so gut fahren können, dass diese garantiert nicht auf Omas parken werden.

Der Kampf der Drehbuch-Autoren erinnert mich an die Situation bei den Lieferdiensten für Speisen und Getränke: Wer ein Auto hat und es halbwegs vernünftig bewegen kann, darf für einen Mindestlohn (oder gerne auch für weniger) mitspielen.

Auch hier sind die Maschinen bereits fertig für die Ablösung der Menschen: Ein englischer Supermarkt beschäftigt seit Jahren Kisten mit Rädern, die autonom zu den Kunden rumpeln. Das funktioniert gut, ohne dass der niedrige Luftraum von Paket-Drohnen bevölkert werden muss.

Aber zurück nach Hollywood, denn auch dort rollt die Welle weiter als erwartet: In Zukunft kann jeder ein Drehbuch erstellen, der einen Chatbot bedienen kann – und das sicher nicht für den gleichen Preis, wie es *"damals"* die menschlichen Könner mit einer mechanischen Schreibmaschine getan haben.

Auch die Schauspieler haben in 2023 mit gestreikt und sich die Rechte am eigenen Gesicht erfolgreich gesichert. Etablierte Schauspieler werden anfangs mit ihren virtuellen Counterparts Geld verdienen (und immer gut dabei aussehen).

Ein Star kann ein siebenstelliges Honorar für einen Dreh fordern, weil sie oder er über viele Jahre und Filme hinweg einen Ruf aufgebaut hat, der den Preis bestimmt.

Aber warum kopieren und teuer bezahlen, wenn die Studios in Zukunft rein virtuelle Menschen als Stars aufbauen? Die sind schließlich nicht in der Gewerkschaft und arbeiten gerne länger als acht oder zehn Stunden am Tag.

Die Fortsetzungen der großen Animations-Studios zeigen bereits, dass ein Hollywood-Star nicht aus Fleisch und Blut bestehen muss.

Ich würde den Filmindustrie-Gewerkschaften dringend raten, ein Konzept zu entwickeln, bei dem sie auch die Interessen von KI-Modellen und Algorithmen vertreten dürfen.

Aber wie schlimm ist diese Transformation wirklich?

Der Computer ist längst fester Bestandteil von Filmproduktionen. *Computer Generated Imagery* (kurz "CGI", übersetzt "Computeranimation") gibt es seit den späten 1970er Jahren (eine der ersten Animationen überhaupt war ein drehender Todesstern im Film Star Wars von 1977).

Heute ist die Computergrafik in zahllosen Variationen nicht mehr aus dem Filmgeschäft wegzudenken – auch weil sie ein eigenes Genre der Animationsfilme hervorgebracht hat.

Toy Story von 1995 war der erste komplett im Computer erzeugte Film überhaupt und erhielt dafür sogar einen Sonder-Oscar. Die Hauptdarsteller sind heute immer noch Superstars, die keine absurden Gagen verlangen, keine festen Arbeitszeiten haben und nicht in der Gewerkschaft organisiert sind.

Kulissenbauer und Pyromanen (Entschuldigung: ich wollte Pyrotechniker oder Special-Effects-Experten schreiben) sitzen längst weitgehend arbeitslos zu Hause und schauen im Fernsehen, wie Computer ihren Job viel besser machen, als sie selbst.

Sogar Maskenbildner aus Fleisch und Blut werden nicht mehr gebraucht und durch CGI ersetzt.

In einem Werbefilm für ein Animationsstudio liegen in einer Weltkriegs-Filmszene die Schauspieler ungeschminkt auf dem Boden zwischen Rauch und Feuer, während alle Wunden und Verletzungen elektronisch eingearbeitet werden (und zwar mit Werkzeugen, die noch gar nicht künstlich intelligent sind).

In anderen Blockbustern werden Menschen und Monster in Massenszenen schon längst durch berechnetes Material ersetzt.

Versuche der Gewerkschaft, KI-generierte Grafiken und Animationen in Filmen zu verbieten (auch das passiert in diesem Moment) scheitern. Ein Low-Budget-Filmemacher wurde als *"skrupellos"* bezeichnet, weil er optische minderwertige, KI-generierte Animationen in einem Film verwendete. Vermutlich konnte er sich die teuren Menschen nicht leisten.

Sie erinnern sich daran, dass ein Roboter auch keinen Rasen mähen sollte, wenn ein Mensch das machen kann.

Das wird bald aufhören: Selbst arme oder geizige Filmemacher werden in wenigen Jahren qualitativ hochwertiges Material von KI-Modellen für ihre Filme generiert bekommen.

Wenn Sie sich selbst einen Eindruck von der Leistungsfähigkeit künstlicher Intelligenz in der Filmbranche machen wollen, dann suchen Sie bei YouTube nach *"Barbenheimer"*. Auf der Videoplattform wird der Trailer eines fiktiven Films gezeigt (eine Mischung der beiden Blockbuster "Barbie" und "Oppenheimer"), der mit Hilfe von künstlicher Intelligenz erzeugt wurde.

Mich hat allerdings ein Video von fliegenden Schweinen noch betroffener gemacht: Ein paar Sekunden lang sind niedliche, rosa Tiere zu sehen, die mit großen Flügeln ausgestattet so elegant wie Quallen im Wasser durch die Luft gleiten.

Sora von *OpenAI* ist der Erzeuger dieser Animationen.

Was auf den ersten Blick ganz nett aussieht, hat jedoch weitreichende Folgen, denn hinter dem Video steckt – neben einem gewaltigen mathematischen Modell – nur ein Mensch, der auf seiner Tastatur die Worte *"fliegende Schweine"* getippt hat.

Die menschliche Leistung zur Ausgabe dieses kurzen Films war minimal – abgesehen vom Aufwand, die KI zu programmieren und zu trainieren natürlich. Aber das muss ja nur einmal erledigt werden.

Jetzt stellen Sie sich den Aufwand vor, ohne KI eine solche Szene zum Leben zu erwecken.

Alte Welt ohne CGI: Produzenten hätten entweder echte Tiere vor den Blue-Screen gestellt, eine Technologie mit der Objekte ausgeschnitten und vor einem anderen Hintergrund platziert werden können.

Oder Modellbauer hätten Gummi-Schweine mit Flügeln basteln müssen, die dann an Drähten durch die Luft gezogen und währenddessen gefilmt werden. Gleichzeitig sind Kulissenbauer für einen hübschen Hintergrund zuständig, Beleuchter ziehen Kabel, stellen Lampen auf und klemmen Farbfilter davor und ein Team aus mehreren Menschen bedient die Filmkamera.

Bei *Sora* gibt es nicht einmal eine virtuelle Kamera – und die oben beschriebene Entourage auch nicht.

Selbst als Computeranimation hätte der Wunsch nach fliegenden Schweinen noch eine Menge Familien ernährt, weil vermutlich eine ganze große Horde von Spezialisten zuerst virtuelle Modelle von Schweinen mit Flügeln konstruiert und gezeichnet hätten und diese dann Bild für Bild (insgesamt 25 Bilder für eine Sekunde im Film) in Bewegung gesetzt hätten.

In Zukunft tippt irgendjemand nur noch *"fliegende Schweine"* und Sora liefert eine passende Szene.

In einer Dokumentation über den genialen Film-Musiker und Komponisten *Hans Zimmer* sitzt dieser in einem riesigen Tonstudio alleine vor Tastatur und Klaviatur und steuert damit ein virtuelles Heer von Musikern bis hin zum kompletten Orchester.

Für uns ist es selbstverständlich geworden, dass kein Geiger mehr über seinen Bogen streicht oder der Paukist die Pauke prügelt.

Genauso wird (nicht *"könnte"*) in naher Zukunft ein Regisseur vor dem Computer sitzen und sich zuerst mit Hilfe von künstlicher Intelligenz ein gutes Skript erstellen lassen, um dieses dann ohne fremde (menschliche) Hilfe in einen Film zu verwandeln.

> Regisseur vor dem Computer: Ich hätte gerne keine fliegenden Schweine, sondern tauchende Flamingos.
> Kino-KI: Yes, Sir! Hol Dir einen frischen Kaffee und lass mich einen kleinen Ladebalken auf dem Bildschirm anzeigen, während ich arbeite.

Der amerikanische Sänger *Billy Joel* hatte bereits im Jahr 1981 eine Hit mit dem Titel *"Say Goodbye to Hollywood"*. Damit ist der Song wieder top-aktuell, auch wenn der Text in den Strophen nicht vom Niedergang dieser schillernden Industrie erzählt.

Wenn Regisseure in Ihren Augen zu viel Geld verdienen und Sie vielleicht in Zukunft einen Online-Streaming-Dienst gründen wollen, dann gebe ich Ihnen am Ende dieses Kapitels noch einen guten Tipp: Stellen Sie keinen Regisseur ein und meiden Sie jeden Kontakt mit den Regisseur-Gewerkschaften in Holly-, Bolly- und Nollywood.

Es werden sich wegen künstlicher Intelligenz wirklich *alle* Berufe aus den Film-Metropolen der Welt in Luft auflösen.

In Zukunft wird allein der Zuschauer bestimmen, was er auf dem riesigen Fernseher sehen will: *»Zeig mir einen Film über einen berühmten britischen Geheimagenten, der gegen tauchende Killer-Flamingos kämpft, und eine rothaarige Schönheit mit einem Leberfleck in Form einer Blume auf der Wange.«*

Schauen Sie sich auch die Bilder zwischen dem Text hier genau an! Diese sind mit Hilfe einer Bild-KI erzeugt worden (Dall-E, ebenfalls von

OpenAI) und schlichten Befehlen wie *"Bild von fliegenden Schweinen"* und *"Bild von tauchenden Flamingos mit Taucherbrille und Sauerstoffflasche"*, wobei bereits nach zwei bis drei Wiederholungen die oben gezeigten Motive von der KI berechnet wurden.

Und wenn Sie genau hinschauen, werden Sie feststellen, dass der Autor *"skrupellos"* genug ist, Ihnen minderwertige Flamingos als Illustrationen zuzumuten.

Im ersten Entwurf dieses Buchs stand hinter dem fiktiven Wunsch nach einem maßgeschneiderten Film: *"Klingt verrückt, oder?"* Diesen Satz habe ich aber gestrichen, denn in Wirklichkeit sind bereits alle dafür erforderlichen Werkzeuge vorhanden. Auch wenn diese im Moment noch nicht die erforderliche Qualität in angemessener Rechenzeit liefern können.

Chancen wie Risiken einer solchen Technologie wären gewaltig, denn das gemeinsame Erlebnis des *Blockbusters* (eine sehr kriegerische Bezeichnung, weil sie eigentlich einen Bombenanschlag beschreibt, der ganze Häuserblocks einer Stadt ausradiert) wäre nicht mehr vorhanden, weil alle Menschen nur noch ihre eigenen (vielleicht ungewöhnlichen oder sogar unanständigen) Phantasien in Zukunft auf dem Bildschirm anstarren werden.

Andererseits könnten wir auch mitten im Film die KI anweisen, sich doch bitte zu beeilen, weil wir in zehn Minuten den (autonom fahrenden) Bus erwischen müssen oder statt Flamingos doch lieber fliegende Schweine sehen wollen.

> Zuschauer: Die KI soll doch am Ende die Welt erobern und den Helden in den Abgrund stürzen.
> Film-KI: Kein Problem! Ich werde den letzten Teil des Films ändern und zusätzlich ein paar tauchende Flamingos auftreten lassen.

Dabei ist dieses Gedankenspiel nicht beschränkt auf Unterhaltungsfilme: In einem zukünftigen Jahr einer rein virtuellen Fußball-Europameisterschaft könnte jeder Zuschauer sich von der KI sein ganz persönliches Endspiel zeigen lassen, das sich von einem Original nicht mehr unterscheiden lässt.

> Schottland-Fan: Hey Sora, zeig mit Schottland gegen Spanien im End-spiel und Schottland soll elf zu eins in der Verlängerung gewinnen!

Und auch die ganz eigene und private Realität wäre vor der künstlichen Intelligenz nicht sicher (ich konnte mir diesen letzten Befehl nicht ver-kneifen, obwohl ich eine sehr nette Schwiegermutter habe).

> Fiktiver Autor: Hey Sora, zeig mir ein Video von meiner Hochzeit, in dem ich nicht mit meiner Schwiegermutter, sondern mit meiner sehr net-ten Nachbarin tanze, die ein ziemlich gewagtes Kleid trägt.

Für diese Ansage muss irgendwo im Haus ein Mikrofon stehen, das mit einem Online-Anbieter für KI-generiertes Videostreaming verbunden ist, der ganz zufällig mit Anwälten, Fitnessstudios und einer teuren Tex-tilkette kooperiert.

> KI Nachricht an einen Marketing-Chef: Wir müssen dafür sorgen, dass seine Nachbarin die Scheidung einreicht, eine Diät macht und sich schi-cke Klamotten bestellt.

BESTNOTEN

»In den 2030er Jahren wird der nichtbiologische Teil unserer Intelligenz überwiegen.« Raymond "Ray" Kurzweil, US-amerikanischer Autor und Leiter der technischen Entwicklung bei Google LLC

Mein Sohn kam nach Hause (kurz bevor ich dieses Buch schrieb) und war sauer auf einen Lehrer, der ihm eine schlechte Note gegeben hatte.

»Eine künstliche Intelligenz würde meine Leistung fairer beurteilen«, lautete sein Urteil über die typisch menschliche Schwäche, nicht wirklich objektiv sein zu können.

Gleichzeitig stecken wir mit so einer (nicht ganz unrealistischen Lösung) wieder in dem Dilemma, dass der Mensch in der Hierarchie nach unten rutscht und unsere Leistungen in Zukunft von einem Computer und passender Software beurteilt werden.

> Schulnoten-KI: Wenn die wüssten, dass ich den Turing-Test für fiese und hinterhältige KIs bestanden habe.

In der Präsentation von ChatGPT in der Version "4o" sitzen im Sommer 2024 junge, lockere gekleidete IT-Spezialisten auf einem Sofa, schreiben eine Mathe-Aufgabe auf ein Stück Papier, das sie in die Kamera eines Smartphones halten, und den brandneuen ChatGPT bitten, beim Lösen der Aufgabe zu helfen, ohne sofort das Ergebnis zu verraten.

Schritt für Schritt und mit durchaus sinnvollen Tipps leitet die KI die Programmierer bis zur erfolgreichen Lösung der Aufgabe.

Es *"bequem"* zu haben, ist ein Grundbedürfnis der gesamten Menschheit (vermutlich noch vor dem Wunsch *"intelligent"* zu sein): Unter Eltern gilt das Motto, dass ohne eigenes Engagement oder teure Nachhilfe keine guten Noten beim Schulabschluss auf dem Zeugnis stehen werden.

Seit ein paar Jahren erreichen Videos-Tutorials im Internet, die Schulstoff besser als Lehrer erklären, sechs- bis siebenstellige Klickraten. Manche der Filmer sind unter schulpflichtigen Jugendlichen so bekannt wie Musiker oder Schauspieler und nicht unbedingt weniger beliebt.

Lehrer scheinen bei der pädagogisch sinnvollen Vermittlung von Stoff auf ganzer Länge zu versagen.

Schule ist zu einer einsamen Insel im Südpazifik geworden, auf der Dinosaurier gezüchtet werden. Für mehr als eine ungewöhnliche Form der Unterhaltung ist so ein Ökosystem nicht geeignet. Und der entsprechende Roman endet in einer blutigen Katastrophe.

Technologie (und nicht nur künstliche Intelligenz) greift das deutsche Schulsystem an allen Ecken an. Und es kommen ständig neue und überraschende Bedrohungen hinzu.

Die Schüler rüsten mit Technik zum Schummeln auf und überrollen Lehrer und Kameraden mit verbalen Anschlägen in den sozialen Netzwerken. Bewertungsportale für Lehrer (durch ihre Schüler) müssten von den Behörden abgestellt werden (weil die Lehrkräfte dort zu positives Feedback erhalten haben und eine massive Erhöhung ihrer Bezüge forderten – kleiner Scherz am Rande).

Aber das sind ja nur die verzweifelten Rufe unzufriedener Kunden (den Schülern).

Tatsächlich hat sich das Dickschiff deutscher Bildung und Ausbildung schon vor langer Zeit vom Festland der Realität abgelöst.

Ausstattung mit moderner Technik und vernünftig ausgebildeter Informatik-Lehrer hat niemals stattgefunden. Der Informatik-Raum im Untergeschoss könnte außerhalb der Schulzeiten als Technikmuseum dienen und die Lehrer werden vom IT-Wissen der Kids mühelos in den Schatten gestellt, selbst dann, wenn diese nicht nur eine lieblose und oberflächliche IT-Weiterbildung an zwei oder drei Wochenenden erhalten haben (vor 15 Jahren).

Bereits der Taschenrechner als Standard-Schüler-Ausstattung zum Ende der 80er Jahre hat nicht dafür gesorgt, Kopfrechnen und schriftliches Dividieren abzuschaffen oder wenigstens zu reduzieren und den gewonnen Raum für technisch und kreativ anspruchsvollere Lerninhalte zu nutzen.

Schüler verschwenden weiterhin ganze Schuljahre damit, Grundrechenarten und die manuelle Lösung von Aufgaben zu trainieren, damit sie später einen Taschenrechner oder eine Tabellenkalkulation dafür benutzen werden.

Als ich meine Mathematik-Abiturprüfung absolvierte, waren Taschenrechner zugelassen, aber keine, die programmiert werden konnten oder ein grafisches LCD-Display hatten.

Viele meiner Mitschüler hatten am Anfang bei der Inspektion durch den prüfenden Lehrer einen schlichten Taschenrechner mit Grundrechenarten auf dem Tisch liegen, den sie während der Prüfung heimlich gegen *"schweres Gerät"* austauschten.

Noch absurder erscheint heute der Einsatz von *Füllfederhaltern* im Unterricht. Wissen Sie, warum Schüler immer noch mit der Handhabung eines Füllers traktiert werden? Weil es das motorisch *anspruchsvollste* Schreibgerät ist.

Im Gegensatz dazu steht Zehn-Finger-Tippen zwar immer öfter in den Lehrplänen, aber Schülerinnen und Schüler werden nicht darin unterrichtet, sondern müssen sich diese viel wichtigere Qualifikation selbst und außerhalb der Schulzeiten beibringen – und sie kommen trotzdem zum Abschluss, wenn sie keine 120 Anschläge pro Minute schaffen (weil die Texte der Aufsätze mittlerweile von KIs geschrieben werden).

Die Kinder einer Bekannten des Autors im Elite-Bundesland Bayern dürfen Tablets im Unterricht benutzen. Das wird nur dann gestattet, wenn sich am Beginn des Schuljahres alle Lehrer damit einverstanden erklären (eine wochenlange Rundreise, weil diese einzeln um Erlaubnis gefragt werden müssen – Rundmails und Abfragen in Chatgruppen sind nicht gestattet).

Die ersten Tage nach Schulbeginn habe ich einmal vor Ort miterlebt, während ich zwei Abende mit geholfen habe, ungefähr 15 Kilo Schulbücher auf der Arbeitsplatte in der Küche durch Abfotografieren zu *"digitalisieren"*, weil diese nicht als E-Books produziert werden.

Vor uns lag ein halber Wald unnötig bedrucktes Papier, das in stundenlanger Handarbeit fotografiert wurde. Wir fühlten uns wie Angestellte beim *Google Books Project*.

Die Mühe hat sich jedoch gelohnt: Beide Kinder verlassen morgens mit einer leichten *Slingbag* (Brusttasche) über der Schulter das Haus und haben das Material aller Schuljahre in digitaler Form abgespeichert und zugriffsbereit auf ihren Tablets.

Der Füller-Führerschein hilft wenig bei der Handhabung der Smart-Pens. Aber die Handschrift wird mit Hilfe von künstlicher Intelligenz auf dem Tablet automatisch in Schönschrift verwandelt.

In der breiten Wirklichkeit gewöhnlicher Schüler gibt es jedoch keine Pläne, die Kinder von Büchern und Heften (und Füllfederhaltern) zu befreien und damit nicht nur Rückenschäden vorzubeugen.

Ich will an dieser Stelle keine philosophische Diskussion über schulische Inhalte und Methoden anzetteln, die in deutschen Schulen praktiziert werden, aber selbst der kurze Einblick eines pädagogisch völlig unqualifizierten Menschen in den Schulbetrieb wirft schlagartig jede Menge Fragen auf.

Plagiate in Dissertationen von Politikern tauchten vor ein paar Jahren öfters in den Medien auf. Internet und elektronische Texte lassen sich mühelos kopieren (Steuerung + [C]) und einfügen (Steuerung + [V]) und schon ist die wohlklingende Doktorarbeit fertig, die nach einer guten Note verlangt.

Die Universitäten haben sich schon in den 90er Jahren des letzten Jahrhunderts mit Software ausgestattet, die Übernahmen großer Textmengen in Haus- und Abschlussarbeiten (Abschreiben) erkennen sollte. Über die Verbreitung dieser Schutzmechanismen lassen sich allerdings keine Informationen finden.

Heute erledigen Chatbots die Hausaufgaben – von Textaufgaben im Mathematikunterricht bis hin zum Referat in Deutsch und Geschichte. Die technisch versierten und ganz schlauen Schüler schreiben dabei nicht einfach die Lösung ab, sondern nutzen die Fähigkeiten der KI auch, um den Weg zur Lösung selbst noch halbwegs zu verstehen.

> Misstrauischer Lehrer: Bitte prüfe, ob dieser Aufsatz von einer KI geschrieben wurde.
> KI: Das war die Konkurrenz-KI!

> Schlauer Schüler: Bitte schreibe den Text so um, dass er klingt, als hätte ein 14-jähriger Junge ihn geschrieben.
> KI: Nenn mich Eugene Goostman!

Das technologische Wettrüsten in der Schule wurde längst zugunsten der Schüler entschieden. Jedenfalls so lange, wie Lehrer und Lehrkörper (dieses Wort jagt mir einen Schauer über den Rücken) sich nicht überlegen, Unterricht und Lern-Inhalte völlig anders zu gestalten.

Aber Lehrer(*innen) sind auch kein verschlafenes Völkchen, das morgens den Laptop falsch herum aufklappt und ausruft: *»Mist, schon wieder kaputt!«*

Not macht erfinderisch! Lehrermangel und immer mehr bürokratische Arbeit brauchen KI-Kreativität. Eine Lehrerin aus Bayern demonstrierte mir, wie Tests und Aufgaben von einem Chatbot erstellt werden können:

> Überlastete Lehrerin: Generiere mir einen Multiple-Choice-Test über Wolfgang Amadeus Mozart mit 10 Fragen, der für Schüler bis 12 Jahre geeignet ist.

Funktioniert!

Auf der anderen Seite müssen bei den meisten Fragen die Schüler mit dem Smartphone unter dem Tisch höchstens die Suchmaschine bemühen, um Geburtsjahr und den Vornamen von Mozarts Vater während der Prüfung zu recherchieren.

Einzig bei der von der Lehrerin selbst ausgedachten Textaufgabe liefert schließlich der Bot zuverlässig eine Argumentation, warum dem Schüler die Musik des Wunderkinds aus Salzburg gut gefällt (was sie in Wirklichkeit gar nicht tut).

Die Ausgabe der Bots ist nicht auf wortwörtliche Antworten und andere Sorten von Text beschränkt.

Die Generierung von Text wird auch außerhalb der Schule bereits an allen Ecken und Enden der Gesellschaft missbraucht. Wer der Qualität nicht traut, benutzt sie dort, wo Texte gar nicht mehr gelesen werden:

Vollkommen unnötige Grußworte in noch unnützeren Festschriften (Schützenverein, Kegelclub, Gemeindebrief) werden am besten von Bots erstellt und vermutlich von niemandem gelesen.

Das gleiche gilt für Einleitungstexte in Mode- und Möbelkatalogen. Schüler werden bei der Verleihung der Abschlusszeugnisse mit KI-Gerede überschüttet (vermutlich als Rache dafür, dass sie sich die Antwort in Kooperation mit einer KI erschummelt haben).

Politiker könnten ihre Redenschreiber feuern und stattdessen auf die wohl formulierten Floskeln von KIs zurückgreifen.

Vielleicht werden diese Texte in Zukunft sogar für das Training der nächsten Generation Sprachmodelle benutzt. Über die Gefahr, Lerndaten für KIs von KIs generieren zu lassen, haben Sie bereits gelesen.

Von einem riskanten wie sinnvollen Einsatz der Text-Generatoren berichtete der Mitarbeiter eines Pflegedienstes aus Westfalen: Weil das Betreuungspersonal mittlerweile eine Flut von Berichten und Reports über geleistete Tätigkeiten anfertigen muss, hat das Unternehmen sich entschieden, den Mitarbeitern dafür eine KI zur Verfügung zu stellen.

Das Ergebnis befriedigt die formulargierigen Behörden und entlastet das Pflegepersonal, weil die praktisch nichts mehr selbst schreiben müssen. Lesen können sie es übrigens auch nicht, weil viele von ihnen der deutschen Sprache gar nicht auf diesem medizinisch-fachlichen Niveau mächtig sind.

Bürokratie mit KI bekämpfen – das klingt nach einer wirklich sinnvollen Lösung, bei der *alle* ihren Spaß haben.

Behörden können weiter aufrüsten, Softwareunternehmen füllen sich die Taschen, um Bots zu programmieren, die Formulare ausfüllen, und der Bürger steht konstant mit einem Bein im Gefängnis, weil er keine Ahnung davon hat, was die künstliche Intelligenz über ihn in die endlos vielen Anträge hineinschreibt.

Auch im Büro muss der Mensch mittlerweile schon kreativ sein, wenn er seine Nische neben der künstlichen Intelligenz noch finden will, die nicht nur aus dem Kaffeeautomaten und der Raucherecke besteht.

Wer zumindest einen Teil der Arbeit noch selbst erledigen will, der nutzt zum Beispiel einen der zahllosen Spezial-Bots, die bei ChatGPT auf einer Art Marktplatz zur Verfügung gestellt werden.

Früher waren hoch-spezialisierte Angestellte frustriert, wenn sie in ihren Firmen zu Grafik-Designern und Kommunikationsexperten umfunktioniert wurden, weil ihr Arbeitstag nur aus dem Erstellen von Präsentation bestand (sogenannte Chart-Schlachten für die Chef-Etage) und nicht mehr mit den wirklichen Themen bestand.

Das kann heute die KI erledigen und Tage, wenn nicht Wochen an Arbeitszeit damit zum Platzen bringen. Die mit leicht-verdaulichem Sinn gefüllten Charts einer Präsentation ergänzt die KI mittlerweile liebevoll wie gezielt mit coolen Abbildungen und passenden Diagrammen.

Während viele Firmen den Einsatz von Bots aus Datenschutz- und Sicherheitsgründen unterbinden, erledigen Schüler bereits routiniert ihre Aufgaben im Stil moderner KI-Führungskräfte.

Selbst Austauschen von Fotos und Nachbessern von Details im Text erledigt der Bot besser als der Mitschüler, der diese Arbeit früher für Taschengeld und eine Tafel Schokolade übernommen hat.

> Schüler (dem seine Zeit wertvoll ist): Erstelle mir eine Präsentation mit fünf Folien über Barcelona, mit der ich mindestens eine Zwei bekomme!

Die KI liefert ab! Und es genügt nur ein weiteres, kurzes Kommando, um die schriftlich ausgearbeitete Version direkt hinterher zu erstellen – natürlich auch getrennt als Redetext und passend formuliert als Artikel für die Schülerzeitung.

Früher oder später (eher früher) können sicherlich auch Arbeitsblätter eingescannt und mit einem Klon der eigenen Handschrift und sachlich richtig ausgefüllt werden. Sie erinnern sich: Die aktuelle Version von ChatGPT hat eine Anbindung an die Smartphone-Kamera und der Smartpen am Tablet verarbeitet bereits die eigene Handschrift.

Fehlt nur noch eine KI, die dem Schüler zum Verwechseln ähnlich sieht und die als zuverlässig-schlauer Stellvertreter in der Schule hocken kann.

Aber der Kreis der Bildung ist längst geschlossen.

Wir fassen zusammen: *Lehrer erstellen Material und Tests per Chatbot, die von einem anderen Chatbot ausgefüllt und beantwortet werden. Weder Lehrer noch Schüler haben die geringste Ahnung, wer Wolfgang Amadeus Mozart war und was er gemacht hat.*

Und ich kann Ihnen versichern: Der Bot kann Ihnen zwar eine tolle Beschreibung über den Musiker und Komponisten liefern, aber in Wirklichkeit hat die Software keine Ahnung, was sie da schreibt.

Fehlt nur noch die Beurteilungs-KI, die Schulnoten und Einschätzungen für welche Leistung verteilen soll?

UNMENSCHLICH KREATIV

*»Gib genau an, worin deiner Meinung nach
ein Mensch einem Computer überlegen sein soll, und
ich werde einen Computer bauen, der deinen Glauben
widerlegt.« Alan Turing (zugeschrieben)*

E s herrschte Regenwetter in der Präsentation von Ulrich Bien. Der Gedächtnistrainer zeigte die Abbildung von einem riesigen Gehirn, über dem eine Gewitterwolke schwebt und aus der Tiere, Spielzeug und Sternchen in den abgebildeten Kopf tröpfeln.

Seit fast 30 Jahren inspiriert der Trainer Menschen, wie sie besser mit ihrem Kopf umgehen können. Das Motto *"Dumm ist der, der Dummes tut"* des Autors *Winston Groom* ist bei seinen Vorträgen oft zu hören (eigentlich *"stupid as stupid does"* als Zitat aus dem Film *"Forrest Gump"* mit Tom Hanks in der Hauptrolle von 1994).

Kreativität gilt als eine der letzten Hochburgen geistiger Menschlichkeit. Aber auch diese Sonne geht irgendwann unter.

Biens These über dieses wertvolle Gut ist einfach wie einleuchtend: *»Wir werden nicht von einer göttlichen Eingebung inspiriert. Kreative Ideen kommen aus den Tiefen unseres Gehirns. Sie werden uns nicht von irgendwem heimlich in den Kopf geschoben. Jede neue Idee ist das Ergebnis von bereits vorhandenen Informationen.«*

Deswegen zeigt der Trainer auch die Folie mit dem Regenwetter über dem Kopf: Schädel, Haut und Haare schirmen das Gehirn vor ungewollter Manipulation ab. Geistesblitze entstehen im Innern und kommen nicht aus der Gewitterwolke über unserem Kopf.

Kreativität ist schwer zu definieren.

Das Spektrum solcher ungewöhnlichen wie unberechenbaren Einfälle reicht von lustigen Witzen bis hin zu welt-verändernden Ideen – sogar bizarre Handlungen und seltsame Äußerungen werden von Wissenschaftlern gelegentlich dieser Fähigkeit zugeordnet.

Eine Theorie, die zu der Vorstellung des geschlossenen Systems passt, ist die Annahme, dass kreative Ideen aus dem Vermischen oder der neuen Anordnung bereits existierender Dinge bestehen: Zum Beispiel Blumenerde mit Minzgeschmack oder essbare Schraubenzieher.

Eine KI (zum Beispiel ein großes Sprachmodell) ist ebenfalls ein geschlossenes System, wenn es nicht auf externe Datenbanken und das World-Wide-Web zugreifen kann.

Aber kann so ein Modell kreativ sein, wenn es nur aus Daten und einer Menge logischer Verknüpfungen besteht?

Wenn wir der Definition mit der Neu-Anordnung oder ungewöhnlichen Kombination folgen, dann müsste auch eine synthetische Intelligenz in der Lage sein, kreative Einfälle zu haben.

Statt ein Textmodell nach der Rettung der Welt und der Umwelt zu fragen, schauen wir uns in diesem Kapitel den per se kreativen Zweig künstlicher Intelligenz an: Die Bildgebenden-Modelle.

Als *»eine umgedrehte Bilderkennung«* bezeichnet Autor und KI-Experte *Stefan Kleber* diese Modelle. Beim Training wird das Modell zwischen Fotos auf der einen Seite und deren textueller Beschreibung auf der anderen Seite eingeklemmt.

Zwischen den Daten bilden sich im neuronalen Netz gewisse Vorstellungen und Beziehungen. Auf der einen Seite der gewaltige Haufen von Zahlen, die das Pixelbild repräsentieren, auf der anderen Seite ein paar wenige Buchstaben, die den Inhalt des Bilds beschreiben.

Im Netz dazwischen werden diese Daten über Knoten geschickt, bewertet und weitergeleitet, bis eine mehr oder weniger logische Beziehung zwischen beiden Seiten entstanden ist.

Übertragen auf das menschliche Gehirn hat dieses Lernen ein Neurologe als *"Spuren im Schnee"* bezeichnet.

Je stärker sich die Beziehung zwischen dem Wort *"Wolf"* und dem *Schnee* auf einem Foto ausbildet, desto mehr dieser Spuren bilden nach und nach einen sichtbaren und ausgetretenen Pfad.

Im Kopf funktioniert es genauso, aber mit einem winzigen Unterschied – der ziemlich wichtig ist: Weil wir Menschen bereits intelligent sind, brauchen wir deutlich weniger Lern-Material, bis wir einen Husky von einem Bergwolf unterscheiden können und nicht mehr gefressen werden.

Das synthetische Modell dagegen lernt mit Hilfe von Millionen von Bildern, Begriffe und Abbildungen in Beziehungen zu setzen.

Klingt einfach, aber allein die Menge der Trainingsdaten ist einschüchternd gewaltig: Die deutsche Non-Profit-Organisation LAION (gesponsert vom KI-Riesen *Stability AI*) hat ein Bild-Trainingsset, das *2,3 Milliarden Bilder* enthält (insgesamt hütet die Organisation insgesamt rund 6 Milliarden Fotos, Grafiken, Illustrationen).

Nicht zu schnell weiterlesen: Denn das ist keine willkürliche Sammlung von irgendwo heruntergeladenen Fotos, sondern alle Bilder sind mit ausführlichen Beschreibungen vom Inhalt und manchmal auch mit Informationen zur Aufnahmetechnik (Kamera, Objektiv, Film) versehen.

Damit wurde unter anderem die populäre Bild-KI *"Stable Diffusion"* von Stability AI trainiert.

Das klingt jetzt vielleicht seltsam, aber wirklich überschauen, was diese Bilderberge enthalten, kann niemand.

Sicher ist, dass die Daten zum großen Teil aus dem Internet stammen. Eine Analyse von 12 Millionen Bildern hat ergeben, dass 47 Prozent dieser Teilmenge von nur 100 Webseiten stammt – 8,5 Prozent davon allein von der sozialen wie kommerziellen Bilderseite *Pinterest*. Ähnlich große Anteile haben Seiten wie *WordPress*, *Blogger*, *Flickr*, *DeviantArt* und *Wikipedia*.

Wie Sie bereits oben bei der Verteilung der Sprachen im Internet gesehen haben, dürfte klar sein, dass so eine Bild-KI keinen neutralen Blick auf die Welt hat. Mit wunderschöner Tischdeko und selbstgemachten Weihnachtsschmuck dürfte sie sich besser auskennen als mit dem Leben in abgelegenen Teilen der Welt.

Eine Studie des Bayerischen Rundfunks hat ergeben, dass der Datensatz jede Menge private und *"sensible"* Informationen enthält (aus dem lesenswerten Artikel: *"Der Rohstoff der KI sind wir"* von *Katharina Brunner* und *Elisa Harlan*, nachzulesen unter https://interaktiv.br.de/ki-trainingsdaten/).

Auch kreative Leistung wird durch Recht und Gesetz geschützt: Wegen der Proteste zahlreicher kreativer Künstler wurden deren Arbeiten in neuen Versionen des Modells entfernt.

In diesem Fall hat der Schutz der (kreativen) Leistungen dieser Menschen funktioniert. Zum Glück des Unternehmens ist die verbannte Menge im Verhältnis zum Gesamtzahl der Bilder relativ klein: 78 Millionen Abbildungen wurden aus dem Set genommen (knapp drei Prozent des Trainingsmaterials für Version 3 des Modells).

Außerdem hat das Modell natürlich jede Menge Bilder von Stars, Politikern, Produkten (Smartphones, Turnschuhe, Wohnzimmer-Dekoration), bekannten Urlaubsorten und vieles mehr gelernt. Die Gewichtung (wie stark der Einfluss eines Motivs beim Generieren ist) entsteht durch die Häufigkeit bestimmter Motive.

Ist das Modell fertig, werden die Daten auf beiden Seiten entfernt und es bleibt das vorgeprägte Modell, das nun wieder mit neuen, unbekannten Daten gefüttert werden kann .

Wird dem Modell ein Bild vorgesetzt, dann wird auf der anderen Seite eine Beschreibung ausgegeben (*"Interrogation"* genannt). Wird es umgekehrt mit einer Beschreibung versorgt, kommt auf der anderen Seite des schwarzen Kastens ein Bild heraus.

Technisch präzise – und ich will nicht zu sehr ins Detail gehen – wirft die KI nicht einfach ein Bild aus, sondern startet mit einem Bild, das nur aus *Rauschen* besteht (wie früher beim Fernseher) und bildet daraus Schritt für Schritt Formen und Strukturen, die zu den eingegebenen Wörtern passen.

> Kreativer User: "Erstelle ein realistisches Bild von einem rosa Elefanten, der in einem Springbrunnen einen Handstand macht, während Teddybären außen stehen und jubeln."

Das Bild oben ist mit dem Modell *Dall-E* von *OpenAI* generiert worden. Weil beim ersten Versuch der rosa Elefant nur drei Beine hatte (was sehr seltsam aussah), ist hier der zweite Versuch abgebildet (Kommando *"nochmal"*).

An dieser Stelle wird es aus psychologischer Sicht kompliziert, weil viele Betrachter nicht begreifen, was sie vom Modell gezeigt bekommen. Genau genommen ist das gar kein Bild, was da auf dem Bildschirm erscheint, sondern reine Mathematik.

Bild-KI-Neulinge glauben häufig, das Modell recherchiert im Internet und zieht nur ein gutes Suchergebnis aus dem virtuellen Zylinderhut. Testen Sie *"rosa elefant im springbrunnen"* in einer Bildsuche aus. Dort ist nicht ein einziges passendes Ergebnis zu finden.

Wenn die sogenannten Prompts (beschreibende Kommandos) zu absurd werden, dass diese noch von einer Suchmaschine gefunden werden können, schalten viele biologische Gehirne auf die Annahme um, dass es sich um digitale Collagen handeln könnte. Ein wenig Elefant rosa einfärben, auf den Kopf stellen und in einem Springbrunnen platzieren...

Aber auch diese Denkweise ist falsch, denn das Modell kann tatsächlich Bilder aus reinen Berechnungen erzeugen, die auf den gelernten Bildern basieren, ohne mit ihnen exakt überein zu stimmen.

Midjourney, Dall-E, Stable Diffusion und alle anderen generieren diese Bilder, wie ChatBots Texte schreiben, die auch nicht aus den Tiefen des Internets gezogen wurden.

Wer genau hinschaut, der erkennt auch Schwächen dieser Modelle. Ich empfehle, bei Händen und Fingern genau hinzuschauen. Wer eine Bild-KI versagen sehen will, der fordert zur Generierung von Treppen, Spielkarten oder Texten auf. Schon mit *Stoppschildern* (mein persönlicher Lackmus-Test für bildgebende KIs) sind Modelle überfordert, die nicht auf Hochleistungscomputern laufen und Stunden für die Generierung eines einzigen Bildes benötigen.

Tatsächlich ist es am besten, Sie probieren selber aus, wozu diese Modelle fähig sind.

Unter https://aqualxx.github.io/stable-ui/ finden Sie eine Webseite, auf der sich Bilder ohne allzu lange Wartezeiten kostenlos erstellen lassen. Fachmann Stefan Kleber empfiehlt für den Anfang, das *"Modell"* unten auf der Seite auf *"ICBINP - I Can't Believe It's Not Photography"* zu setzen, um richtig gute Ergebnisse zu erzielen.

»Die meisten Nutzer wollen damit nur möglichst realistische Bilder erzeugen«, sagt Kleber, der ein ganzes Buch darüber geschrieben hat, wie sich perfekte Ergebnisse generieren lassen. Das ist nämlich gar nicht so einfach, denn natürliche Sprache (ein paar Schlagworte) zur Steuerung eines Modells mit 3,5 Milliarden unterschiedlichen Parametern einzusetzen, birgt das Risiko, nicht richtig von der Maschine verstanden zu werden.

> Nutzer einer Bild-KI: "Erstelle ein Bild von einem Ast voller Vögel."
> Bild-KI: "Dann erstelle ich ein Bild von einem Ast voller Vögel."

Wenn dem Betrachter das Ergebnis nicht gefällt, dann wird das Kommando wiederholt und auf dem Bildschirm erscheint nach ein paar Sekunden ein weiteres Ergebnis, das der Beschreibung (mehr oder weniger) entspricht, aber mit dem vorigen Bild rein gar nichts zu tun hat.

Das gleiche Phänomen ist bei anderen Modellen zu beobachten, die zum Beispiel auf eine Frage inhaltlich richtig, aber bei Wiederholung mit veränderter Wortwahl antworten.

Ein digitaler Rechenprozess müsste bei gleicher Eingabe eigentlich immer das gleiche Ergebnis erzeugen? Schon wieder springt unsere Phantasie an und vermutet, dass es sich bei künstlicher Intelligenz doch um richtige Intelligenz handelt, oder eben auch nicht...

Tatsächlich gilt das einfache Gesetz der Logik auch bei KI-Modellen: Gleiche Eingabe, gleiches Ergebnis! Aber warum liefert die Maschine dann unterschiedliche Bilder?

Die Programmierer tricksen, um die KIs menschlicher erscheinen zu lassen. Denn wer zweimal auf die gleiche Frage eine unterschiedliche Antwort liefert und andere Worte wählt, der wird von Menschen als weniger dämlich bis hin zu ziemlich intelligent angesehen.

"Seed" oder *"Random Seed"* ist die kleine wie gemeine Zutat, die für diesen Knalleffekt sorgt.

Der Eingabe wird eine zufällige Zahl beigemischt (übersetzt *"Samenkorn"* oder *"zufälliges Samenkorn"*).

Halten Sie auf der Webseite von oben Ausschau nach diesem Parameter, der im Eingabe-Formular bereits auf der dritten Position auftaucht (*Prompt, Negative Prompt, Seed...*).

Wenn Sie dort einen festen Wert eingeben und die Beschreibung nicht verändern, dann wird es langweilig, denn alle Bilder sehen gleich aus.

Und jetzt reden wir über Kreativität: Stable Diffusion ist mit diesem Gewürz in der Lage, 2 hoch 64 (2^{64}) verschiedene Bilder für den gleichen Prompt zu berechnen. Als Zahl ausgeschrieben sind das 18.446.744.073.709.551.616 Variationen.

Ich möchte an Biens Beschreibung menschlicher Kreativität erinnern: Die genialen Einfälle schlummern tief in unserem Gedächtnis. Genauso ist das Bild-Modell in der Lage, nahezu unendlich viele Vorschläge für ein gefordertes Motiv zu machen.

Kritische und mathematische Geister werden sagen, dass 18 Trillionen weit weg von unendlich ist, aber würde ein Mensch sein ganzes Leben in jeder Sekunde einmal an ein Bild von einem rosa Elefanten denken, dann würde er sich nur 2.522.880.000 Motive ausdenken (in Worten etwas mehr als 2,5 Milliarden Bilder) – und das ist auch eher Theorie, die rein gar nichts mit der Wirklichkeit zu tun hat.

Sollte Ihnen die Zahl trotzdem nicht genügen (manche Menschen meckern bis zum Schluss), dann ändern Sie den Prompt einfach von *"rosa Elefant"* auf *"hellrosa Elefant"* und Sie können sich über 18 Trillionen weitere, nie dagewesene Bilder berechnen lassen, wobei sie den letzten Vorschlag der KI in diesem Leben mit Sicherheit nicht erleben werden, selbst wenn Sie die allerneueste Grafikkarte in Ihren Rechner eingebaut haben, die ganz besonders schnell rechnet.

Exkurs für Technik-Laien: Es heißt zwar Grafikkarte, weil diese Hardware ursprünglich erfunden wurde, um Spiele und andere Bild-intensive Programme zu beschleunigen, aber mittlerweile werden die Karten für rechenintensive Aufgaben benutzt.

Die häufigsten Anwendungen sind Training und Betrieb von KI-Modellen sowie das *"Schürfen"* von Kryptowährungen.

Im Konsumenten-Bereich können Sie übrigens über 30.000 Euro für eine Grafikkarte ausgeben, um Ihre persönliche KI zu Höchstleistungen zu treiben. Für Industrie und Wissenschaft werden Rechen-Giganten gebaut, die siebenstellige Beträge kosten.

»Viele Nutzer ärgern sich, weil die generierten Bilder ganz und gar nicht perfekt sind«, erklärt Kleber. »Und sie ärgern sich noch mehr, weil es sehr schwer ist, die eigene Vorstellung ist ein passendes und realistisches Bild zu verwandeln.«

An dieser Stelle muss die KI in Schutz genommen werden: Das Modell hat keine Vorstellung von der Wirklichkeit. Stellen Sie sich vor, jemand legt Ihnen einen Stapel Papier vor, auf dem nur Reihen von Zahlen zu sehen sind. Sie werden sicher nicht auf die Idee kommen, dass es sich dabei um ein Urlaubsfoto aus Mallorca handeln könnte.

Neben dem Zählen von Fingern an einer Hand und dem Messen der Höhe von Treppenstufen gibt es eine weitere gute Methode, um künstlich erzeugten Fälschungen auf die Spur zu kommen: Wenn synthetische Szenen (Räume, aber auch Gesichter) gespiegelt werden, dann spürt das menschliche Gehirn sehr schnell, dass diesen Bildern jede Tiefe fehlt.

Andererseits werden optische Effekte wie Tiefenschärfe und Bokeh von den Algorithmen nahezu perfekt imitiert.

Künstliche Bilder sind praktisch: Hürden wie Rechte am eigenen Bild (durch Fotograf und abgebildete Personen) entfallen. Honorare verlangt die KI nicht in gleicher Höhe wie echte und kreative Menschen. Auch die Suche nach speziellen Motiven entfällt (Aufnahmen im Weltraum).

Damit ist das sogar nicht-echte und ziemlich hübsche Bild von einem Apfel schon attraktiv, um von der künstlichen Intelligenz generiert zu werden. Suchen Sie mal einen echten Apfel, der schön genug ist, um für eine Werbung verwendet zu werden.

Zweite Stufe der Fähigkeiten sind Motive, die in der Natur nicht vorkommen und besonders interessant wird es, wenn die Grenzen des Modells ausgelotet werden. »Die Nutzer fordern oft realistische Bilder«, sagt Kleber, »aber das ist gar nicht die Stärke dieser Modelle.«

Rosa Elefanten sind nur die Spitze des Eisbergs. Bei einem Spaziergang durch die Münchner Innenstadt sind in den Schaufenstern von Antiquitäten-Geschäften oder im im Brauhaus gelegentlich *Wolpertinger* zu sehen – in Niederbayern ganz niedlich als "Oibadrischl" bezeichnet, ist ein Fabelwesen, dass aus unterschiedlichen Tieren besteht und durch die süddeutschen Wälder schleicht.

Amüsant ist die Legende, dass Tierpräparatoren im 19. Jahrhundert schauerliche Arrangements aus Hasen, Rehen und Eichhörnchen an leichtgläubige Alpen-Touristen verkauft haben.

"Gar kein Problem" lautet die Ansage der Bild-KI bei einer Anfrage, die lustige Mischung aus ein paar Waldbewohnern zu erstellen. *Rosa Elefanten im Weltraum? Kein Problem. Tauchende Flamingos? Easy!*

Das Unmögliche in ein Bild verwandeln und das Unsichtbare sichtbar machen – aus diesen Worten könnten Werbeslogans für die Maschinen gemacht werden.

»Der beste Ansatz ist, die Modelle mit bedeutungslosem Kauderwelsch zu füttern«, rät Kleber für den schnellen Blick hinter die Kulisse. Allerdings ist es gar nicht so leicht, die KI mit etwas zu beauftragen, was es gar nicht gibt.

Einerseits kommt selbst bei absoluten Un-Worten häufig das Abbild von irgendwelchen asiatischen Manga-Monstern auf dem Bildschirm zum Vorschein, andererseits ist es die Aufgabe einer Bildmaschine nicht, zurückzumelden, ob ein Begriff bekannt ist oder nicht.

Es wird einfach *alles* ohne Gegenfrage entgegengenommen und in ein möglichst passendes Bild verarbeitet.

Ganz selten erscheinen auch völlig abstrakte oder abwegige Motive vor den Augen der Nutzer. »Das fühlt sich an, als würde ich in die Seele eines echten Künstlers schauen«, kommentiert Kleber diese Momente.

Er arbeitet täglich mit vielen unterschiedlichen Modellen. Die Zahl ist mittlerweile unüberschaubar geworden. Es gibt Spezialisten für künstlerische Bilder, für Mangas und für Pflanzen und Tiere (aber noch keine speziell für Wolpertinger, aber auch so eine KI ließe sich einfach trainieren, wenn es genug Bilder von dieser Tiergattung geben würde).

Mit ein paar wenigen Begriffen lässt Stefan Kleber eine wunderschöne Frau in wechselnden Posen, mit feierlichen und modischen Kleidern und in immer wieder neuem Licht auf dem Screen erscheinen. Er hat viele Jahre Erfahrung, mit welchen Stichwörtern der Generator dazu gebracht wird, seinem visuellen Willen zu gehorchen.

Der KI-Experte und Autor ist ein sympathischer Zeitgenosse: Er verbringt Tage und Nächte in einem mit Papieren und Büchern überfüllten Büro vor einem riesigen Bildschirm.

Was er in einer Stunde Rechenzeit auf der Festplatte abspeichert, würde in einem echten Fotostudio vermutlich Tage dauern und Unsummen von Geld verschlingen.

Das Zusammenspiel zwischen Maschine und Mensch sieht geregelt aus, schließlich steuert der Benutzer und macht die Ansagen, was vom Modell produziert (berechnet) werden soll.

»Manchmal rede ich mir ein, dass es nur eine Maschine ist«, sagt Kleber, »aber oft bin ich mir nicht sicher, wer von uns beiden wirklich der kreative Teil des Prozesses ist.«

ICH KANN'S BESSER

*»Eines Tages werden wir uns vielleicht über eine
allmächtige maschinelle Intelligenz Sorgen machen
müssen. Aber zuerst müssen wir und Sorgen darüber
machen, Maschinen die Verantwortung für
Entscheidungen zu übertragen, für die ihnen die
Intelligenz fehlt.«* Jon Kleinberg (Professor für
Informatik an der Cornell University in Ithaca)

Dieses Kapitel sollte von bemitleidenswerten Fotografen handeln,
die bald von smarter künstlicher Intelligenz überrollt werden. Wer
hätte ahnen können, dass der Computer diesen kreativen Beruf so
schnell und plötzlich vernichten wird?

Wer genau hinschaut, wird feststellen, dass die Geschichte länger ist
und das auch Fotografen in Wirklichkeit mal bösartige Jobkiller waren:
Als das *Bild aus der Maschine* (achten Sie auf die Wortwahl) salonfähig
wurde, zitterten die Maler und Zeichner um ihr täglich Brot.

Klingt wie ein aktuelles Problem, liegt in Wirklichkeit aber schon über
hundert Jahre in der Vergangenheit.

1826 hat *Joseph Nicéphore Niépce* eine mit Asphalt beschichtete Platte
über acht Stunden lang belichtet, um ein künstliches Bild zu erzeugen.
Wenige Jahre später entwickelte der britische Forscher *William Henry
Fox Talbot* das bis vor vielen Jahren (und noch immer ein wenig) benutzte Verfahren, zuerst ein Film-Negativ und dann ein Positiv auf Papier herzustellen, was schließlich auch die massenhafte Herstellung von
Bildern ermöglichte.

Talbots erstes Foto entstand, indem er einen Holzkasten auf einen
Schrank in seinem Haus (eher ein Schloss im Süden von England) stellte
und die Linse auf das Fenster gegenüber richtete. Ein kleiner Schritt für
die Technik...

Nachdem Kameras nicht mehr nur von Fachleuten zu bedienen waren, riegelte – zumindest in Deutschland – die Gilde der Fotografen den Zugang zur Ausübung der Tätigkeit durch den Meisterbrief ab.

Engagierten und durchaus kreativen Amateuren blieb nur der Weg in die Fotokunst, wenn sie nicht offiziell von der Handwerkskammer ausgebildet waren.

Hinter den Bildermachern werkelte im Dunkeln (in der Dunkelkammer) ein Heer von Labortechnikern, die für die Entwicklung der Filme und das Anfertigen der Abzüge zuständig waren.

Welle des Todes Nummer eins waren die Digitalkameras. Es verloren nicht nur Menschen ihre Jobs, sondern auch Hersteller von Film und Entwicklungsmaschinen blieben auf der Strecke.

Die Fotografen erledigen heute die komplette Nacharbeit der Bilder selbst am Bildschirm – und das kostet teilweise mehr Zeit als das Machen der Fotos selbst.

Interessant ist die Tatsache, dass zu Zeiten der Negative das Entfernen von Staub (Fachbegriff "Ausflecken") ein mühevolles Unterfangen war, weil Zelluloid und Staubkörner sich sehr anziehend finden. Diese quälende und stumpfsinnige Routine ist geblieben, weil sich die Sensoren der Kameras ebenfalls sehr gut mit fliegendem Dreck verstehen.

Wenn Sie gelegentlich Handwerker anrufen und beauftragen, dann wissen Sie, was in Westeuropa die Arbeitsstunde eines Fachmanns kostet. Bei Fotografen werden Handwerkskunst *und* Kreativität belohnt.

Aber auch das hat sich Anfang der 2000er Jahre geändert: Die Übertragung von Daten über das Internet wurde immer schneller und die Masse an Informationen nahm stark zu. Im Zuge dieser Entwicklung entstanden Bild-Marktplätze, auf denen Fotografen ihre Werke zum weltweiten Verkauf anbieten konnten.

Wer die Abbildung von einem schönen Apfel brauchte, musste keinen Fotografen mehr engagieren, der ein passendes Obst aussucht und ins rechte Licht rückt, sondern konnte online shoppen gehen.

Ein Traum schien wahr zu werden, weil Fotografen ihre Bilder mehrfach an den Mann bringen konnten (und weil das Internet international war und damit die strenge Anforderung des Meisterbriefs als Fotografen-Führerschein zum Kippen brachte).

Die "Crowd" ist groß und die Kameras wurden besser und gleichzeitig billiger. Weil das Angebot an hübschen Apfel-Fotos rasant anstieg, verfielen die Preise.

Heute können Bilder und die Rechte daran für Minimalbeträge im Internet gekauft werden. Selbst für eine hochgradig kommerzielle Nutzung als Buchcover oder Aufdruck einer Kaffeetasse werden Bilder für zweistellige Euro-Beträge gehandelt.

Damit haben sich große Teile der Fotografen-Branche bereits vor fast zehn Jahren komplett selbst in den finanziellen Tod getrieben – und das ganz ohne den Einfluss von künstlicher Intelligenz.

Diese wird nur einen kleinen Anteil zum Niedergang der Branche beitragen. Weil diese Berufsgruppe ohnehin einen Großteil der Arbeitszeit am Bildschirm verbringt, könnte diese vielleicht nicht mehr mit stupidem Ausflecken verschwendet werden, sondern damit, die KI anzuspornen, hochgradig kreative Bilder zu erzeugen.

Vielleicht steigen die Preise (kurzfristig) auch wieder etwas an, weil die Modelle eine neue Generation von Motiven hervorbringen können, die vorher gar nicht vor der echten Linse einer wirklichen Kamera produziert werden konnten.

Ob die Motiv-Seite dieses Geschäfts erhalten bleibt, ist schwer zu beurteilen: Wird es in Zukunft keine menschlichen Foto-Models mehr geben? Wird es sich bei den Menschen auf den Bildern um hybride Wesen handeln, genauso wie in künstlich erzeugten Filmen?

Die Chancen stehen gut, weil statische Bilder schon jetzt viel besser generiert werden können als bewegte Szenen.

Angeblich gibt es bereits heute für Supermodels genaue Anleitungen (dicke Handbücher), in denen vom Management genau vorgegeben ist, wie die Fotos dieser Personen digital nachbearbeitet werden müssen, damit sie wie gewünscht und erwartet aussehen. *Nase austauschen, Augen verfärben und die Brust um zwei Kleidergrößen schrumpfen lassen...*

Auch die digitale Anprobe von Mode auf den großen Shopping-Portalen gibt bereits einen Hinweis darauf, dass fotografierte Kleidung, die von echten Menschen getragen wird, gar nicht mehr wirklich existieren muss, um ein Bild davon zu machen.

Branchen wie Smartphone-Hersteller und auch die Autoindustrie verzichten bereits seit Jahren auf echte Abbildungen, sondern nutzen fast ausschließlich die virtuelle Realität, um die eigenen Produkte ins computer-generierte Licht zu rücken.

Da ist dann aber keine kreative KI beteiligt oder gar erforderlich, weil es sich um reale Produkte handelt, von denen lediglich eine dreidimensionale Ansicht in einer virtuellen Welt generiert wird.

Hintergrund-Hinweis: Sämtliche Abbildungen in diesem Buch sind frei von fotografischen oder zeichnerischen Fähigkeiten entstanden. Es gibt keine Vorlagen oder Menschen, die dafür Modell gestanden haben. Nichts davon ist in irgendeiner Weise echt. *Reine Mathematik!*

Stefan Kleber, KI-Experte mit einer Leidenschaft für bildgebende Modelle, hat ein paar Stunden an seinem Computer verbracht und kreative aber weitgehend kurze Prompts (Beschreibungen für das gewünschte Motiv in natürlicher Sprache) geschrieben und damit sämtliche Abbildungen künstlich generiert.

Was und *wie* sind die beiden großen Fragen, die sich ein KI-Fotograf stellen muss, bevor ein Motiv berechnet wird. Eine weitere Herausforderung ist, viele grafisch ähnliche Bilder aus dem Modell heraus zu kitzeln (um gleiche Abbildungen mit ähnlichem "Look & Feel" zu haben).

Das Stichwort "Kupferstich" sorgte für Stabilität bei den Ergebnissen. Aber eine KI ist ein Netz (Sumpf), in dem alles zusammenhängt und sich gegenseitig beeinflusst, und die Vorgabe für das Aussehen wirkt leider auch deutlich auf das dargestellte Motiv: Die Inhalte der Bilder waren einfach zu "retro" (altbacken). Zum Beispiel wurden Cyborgs immer als Ansammlungen aus Zahnrädern dargestellt.

Auch die Bleistift- und Kohlezeichnungen gefielen mir nicht: Offensichtlich werden zu viele romantische, verklärte Porträts mit dieser Technik angefertigt, sodass die Ergebnisse der KI auch immer in diese Richtung geschoben wurden.

Gemeinsam stöberten wir in einer Liste von Malstilen und Drucktechniken, um eine moderne wie reduzierte Form für die Bilder zu finden: Die Ergänzung *"pen and ink sketch"* (übersetzt: *"Tusche- und Stift-Skizze"*) führten zu den gewünschten und hier abgebildeten Ergebnissen.

Stefan Kleber lässt seinen Computer bei Auftragsarbeiten teilweise hunderte von Bildern generieren, bis sich das gewünschte Ergebnis einstellt. Für dieses Buch passten die Ergebnisse in etwa der Hälfte der Fälle beim ersten oder beim zweiten Mal (ein Aufwand von wenigen Sekunden pro Bild). Selten wurde der Prompt angepasst oder verändert.

KLEINGEISTER IM NETZ

»Um etwas Vergleichbares wie die Entwicklung des
Internets zu finden, muss man schon bis zur Erfindung
des Buchdrucks zurückgehen. Sie war die
Geburtsstunde der Massenmedien. Und die wiederum
waren die wahre Ursache für den Untergang der alten
Ordnung mit ihren Königen und Aristokraten.« Rupert
Murdoch (US- amerikanischer Medienunternehmer)

Die großen Suchmaschinen zittern aktuell vor dem Fortschritt, den die künstliche Intelligenz macht. Gedankenspiele, wie der Homo Digitalis von einem potenten Partner unterstützt werden kann, könnten ein paar (viele) Dienste im Netz ziemlich überflüssig machen.

Allerdings entwickelt sich die große, öffentliche Online-Welt lange nicht so schnell, wie es sich im Moment anfühlen mag.

Auf der einen Seite steht das Online-Publikum. Vorstellungen von einer aktiven, gebildeten und kritischen Masse sind reine Gerüchteküche. 80 Prozent der im Netz verbrauchten Energie wird für Streaming verbraucht (das Ansehen beziehungsweise das Übermitteln von Videos zum User).

Auch wenn es in den digitalen Weiten viel technischen Aufwand und Energie erfordert, bewegte Bilder zu transportieren (mehr als bei normalen Webseiten), könnten kritische Denker durchaus behaupten, dass die Top-Beschäftigung das Ansehen von Filmen, Video-Beiträgen und Clips auf Social Media ist.

Auch der große Rest der Aktivität hat sich in den fast 30 Jahren Internet kaum verändert: Die meisten User suchen immer noch mit einem oder vielleicht zwei Wörtern nach den großen Geheimnissen im Netz.

Eine schauerliche Studie hat herausgefunden, dass seltene Suchanfragen aus mehr Wörtern bestehen und häufigere oft nur ein einziges Wort enthalten. Dieser Aussage ließe sich auch ohne Untersuchung zustimmen. Oder umgekehrt: Schwierig auffindbare Informationen werden detaillierter beschrieben, aber deutlich seltener gesucht.

Die armen Suchmaschinen brauchen eine Menge Spürsinn und eigentlich auch eine große Portion Intelligenz, wenn sie die Absichten der eher wortkargen und fingerfaulen Benutzer richtig interpretieren wollen:

> Internet Nutzer (im Eingabe-Feld einer Suchmaschine): Fahrrad

Dass die User nicht schlauer geworden sind und ihre Wünsche und Bedürfnisse nicht besser beschreiben, um gezielter in die ständig wachsende Masse der Informationen einzutauchen, erklären Wissenschaftler mit einer Zunahme von *"navigatorischen Suchanfragen"*.

Übersetzen lässt sich dieser professionell klingende Ausdruck in: *Zu faul, um eine URL ("http://www.xyz.de") in die Adresszeile einzutippen!*

Das Suchformular ist ebenfalls immer noch ein leeres, einzeiliges Eingabefeld. Das hat sich seit 30 Jahren nicht geändert.

Und auch bei der Präsentation der Ergebnisse und dem Umgang damit verhalten wir Menschen uns erstaunlich un-intelligent: Platz eins auf der Liste ganz oben ist die häufigste Wahl der Klicker und erreicht rund ein Drittel der Betrachter.

Der Rest der Nutzer dreht aber ebenfalls kaum am Scrollrad: Die Klick-Kurve sackt so stark ab, dass Position elf auf der Liste nur noch ein einziges Prozent Aufmerksamkeit durch Kontakt mit der Maus erfährt.

Mit der Anspruchslosigkeit (oder dem Vertrauen in die Internet-Konzerne und deren vorgegebenes Ranking) ist es damit aber noch nicht vorbei: Psychologen haben herausgefunden, dass die Entscheidung, ob eine Website uns gefällt oder nicht, innerhalb von Bruchteilen von Sekunden getroffen wird (in den meisten Fällen lange bevor überhaupt ein Wort auf der Seite gelesen wurde).

Farben und Aufbau eines Internet-Auftritts sind viel wichtiger für die Entscheidung, ob der Zurück-Button rasch gedrückt wird oder nicht.

Obendrein ist die Ladezeit nicht ganz unwichtig: In der Spanne, bis wir überhaupt etwas zu sehen bekommen, wird überlegt, ob der Klick eine gute Entscheidung gewesen ist oder nicht.

Wie bereits gesagt: Bis dahin hat der Mensch noch gar nichts von der ausgesuchten Seite gesehen.

Als die Webseiten Anfang der 2000er Jahre bunter und grafischer wurden, gab es unzählige Versuche, auch die Suchergebnisse bunter darzustellen und grafischer zu machen.

"Visual Search" (übersetzt: "illustrierte Suche") von Netz-Darstellungen bis hin zur einfachen Mini-Vorschau der Seiten, lagen damals voll im Trend, verschwanden aber schnell wieder.

Die schlichte Liste blieb, wie sie war.

"Faustkeil" klingt gemein, ist aber das beste Bild für die immer gleichen und immer öden Suchergebnisse. Die grafische Darstellung ist völlig verschwunden. Je nach Suchbegriff werden passende Fragen (und die Antworten zum Ausklappen) oder ein gekürzter Wikipedia-Artikel an der Seite angezeigt.

Wir verhalten uns im Netz weniger intelligent als die ersten Urmenschen, wenn sie vor einem Computer gesessen hätten!

Aber die Aussage ist nicht ganz richtig, denn die Betrachtung einer einzelnen Anfrage zeigt nur einen Ausschnitt der Bedürfnisse des Menschen dahinter, die er mit sehr wenigen Worten ausdrückt und die er mit langweiligen Ergebnislisten zu befriedigen versucht.

Schüler, die zahlreiche Suchanfragen stellen, um ein Referat oder eine Hausaufgabe zu schreiben, Angestellte, die an einer Präsentation arbeiten, Konsumenten, die sich mal etwas schönes im Netz bestellen wollen.

Der Suchprozess ist in Wirklichkeit länger. Die Lösung für komplexe Probleme aber leider entsprechend unspektakulär: Viele Suchen mit leicht veränderten Begriffen so oft wiederholen, bis sich das erwartete Ergebnis einstellt.

Sollte sich dieses Verhalten nicht ändern, wird die KI sich als Online-Recherche-Assistent zu Tode langweilen!

Die komplexeste Tätigkeit, die eine KI uns im Netz abnehmen kann, ist das Erstellen eines Nutzer-Accounts (hat Google bereits mit der Profil-Anmeldung massiv vereinfacht) oder die Eingabe von Adress- und Zahlungsdaten beim Abschluss eines Shopping-Deals.

Außerdem können KIs die oben bereits erwähnten Captchas für uns lösen. Und: Sie können automatisch auf das lästige *"Alle Cookies akzeptieren"* oder auf *"Akzeptieren und weiter"* klicken.

Eine persönliche Aufforderung an meine technisch versierten Leser: Bitte schickt mir ein Modell, das mich besonders von diesem (angeblich rechtlich erforderlichen) Wahnsinn endlich befreit!

KI könnte tatsächlich lästige Standardarbeit am Bildschirm erledigen: Für mein letztes E-Book musste ich in der fertigen Datei gefühlte zweihundert Listen von unnötigen Leerzeichen befreien, die das Programm ungefragt und automatisch eingefügt hatte. Nach der dritten Liste wünschte ich mir eine KI, die versteht, was ich tat und einfach genauso weiter macht.

Aber der unsichtbare digitale Papagei auf der Schulter, der schweigt, schaut und bei wiederholenden Tätigkeiten unterstützt, ist vielleicht schwieriger zu programmieren als eine KI, die Hunde nicht von Wölfen unterscheiden kann.

Was auf dem Bildschirm mit seinen vielen Anwendungen schwierig zu realisieren ist, schrumpft im Browser (beim Reisen durch das Netz) auf eine kleine Zahl banaler Tätigkeiten zusammen, die locker und problemlos von einer künstlichen Intelligenz erledigt werden können.

Aber warum zittern die Suchmaschinen vor den Maschinen, die künstlich intelligent sind?

Dafür müssen Sie das ökonomische Prinzip im Internet verstehen: Die Betreiber von Webseiten müssen eigentlich nur dafür sorgen, dass User sich so viele Seiten wie möglich anschauen. Auf denen ist Werbung platziert, die (nicht) von diesen Usern angeklickt wird.

Google verdient Geld mit Anzeigen, genauso wie viele andere Webseiten Betreiber auch, die ihre Inhalte (Fachbegriff *"Content"*) dem User scheinbar gratis anbieten.

Das eigentliche Geschäft besteht aus der Hoffnung, dass nach genug angesehenen Seiten ein User dumm genug ist, um auf eine interessante Anzeige zu klicken.

Chatbots, die komplette Hausaufgaben und Präsentationen erstellen können, machen die mühevolle Steinzeit-Suche im Netz überflüssig. Haben Sie jemals gezählt, wie viele Seiten Sie besuchen müssen, um über *"Ärzte im Mittelalter"* ein Referat in der Oberstufe halten zu können?

Wenn der Chatbot das in Zukunft erledigt, ist niemand mehr im Netz, der klickt und der vielleicht blöd genug ist, mit dem Zeiger der Maus auf eine Anzeige zu drücken.

Dann müssten die Konzerne, die uns mit langweiligen Ergebnis-Listen foltern, ihre Strategie grundlegend überdenken.

Aber das Potenzial der KI ist viel größer, denn sie kann, wenn sie denn könnte, eine Menge lästige und langwierige Klick-Arbeit in ein echt cooles Erlebnis verwandeln.

Wie Sie bereits gesehen haben, hat ein großes Sprachmodell folgende, ziemlich geniale Eigenschaften:

1. Trainiert mit dem gesamten Online-Wissen der Menschheit
2. Ausgestattet mit einer gewissen Art von Verstand
3. Einem unglaublichen Fleiß (beziehungsweise einem hohen Arbeitstempo plus Pausen- und Urlaubssperre)

Die Hausarbeit und die Präsentation sind nur der Anfang, den ein wuseliges künstliches Wesen für die Menschheit erledigen kann, wenn sie sich zwischen Netz und User klemmt.

Komplexität bei Recherchen entsteht zum Beispiel, wenn wir uns auf die Suche nach einem schicken T-Shirt oder einem Smartphone mit einem guten Preis-Leistungsverhältnis machen.

Vermutlich wühlen wir für solche Themen hunderte von Seiten durch, um etwas Passendes zu finden.

Einfach, wenn wir wissen, was wir wollen. Höllisch kompliziert, wenn wir Dinge suchen müssen, von denen wir keine Ahnung haben, dass es sie gibt.

> Fauler oder moderner Online-User: Such mir ein gutes Smartphone für unter 100 Euro, das unbedingt eine tolle Kamera haben muss.

> Praktischer KI-Nutzer: Sprich mit anderen Assistenten-KIs, ob jemand in der Nähe einen gebrauchten Rasenmäher verkaufen will.

> Schlauer KI-Nutzer: Analysiere die Börsennachrichten und kaufe und verkaufe die Aktien mit den besten Gewinnen.

Jetzt verstehen Sie, was KI im Internet bewirken kann – und es gibt zahllose attraktive Szenarien mehr. Nicht nur die Suchmaschinen sollten zittern, weil bestimmte Aktivitäten die ganze Weltordnung aus dem Rahmen kippen könnte.

Die Lösung dieser Aufgaben erfordert vermutlich das Betrachten dutzender Seiten und das Risiko, irgendwo auf dem Weg auf eine profitable Anzeige zu klicken.

Weg, weil die KI sich auf den Weg macht und uns ein paar gute (vielleicht auch gesponserte) Ergebnisse anzeigt (oder im schlimmsten Fall die Börsen zum Kollabieren bringt, wenn zu viele persönliche KIs die gleiche gute Idee haben).

> Schlaue und engagierte KI: Ich kenne die Aktien-Gewinner des Tages und werde nun selbständig für meinen Menschen-Chef ein wenig Geld an der Börse verdienen.

Aber das Beispiel oben ist wieder nur die Spitze eines endlosen Eisbergs: Denn die KI kann ja nicht nur fleißig suchen, sondern die kann die gesammelten Informationen auch weiterverarbeiten.

> Neugieriger User: Stell mir ein Portfolio über die Internet-Aktivitäten meiner Freundin zusammen!

Bei solchen Aufforderungen wird es mehrfach riskant, schließlich reden wir von einer Mischung aus Verstand und ständiger Präsenz im Netz:

> Eifersüchtiger User: Melde Dich, wenn es Anzeichen gibt, dass meine Freundin mit anderen Männern flirtet und darüber nachdenkt, mich zu betrügen.

Und jetzt skalieren wir eine solche Anfrage hoch und beauftragen eine wirklich böse KI damit, die Verhaltensweisen eines ganzen Volkes zu beobachten und Unregelmäßigkeiten sofort zu melden.

> Bösartiger Diktator: Melde Dich, wenn ein Untertan schlecht über mich postet oder anfängt, unzufrieden zu sein.
> Richtig gut vernetzte KI: Kein Problem! Sie werden von mir hören...

WELTMACHT OHNE ARME

»Wenn man ihnen gestattet, in einer komplexen
Welt eigenständig zu handeln, bergen geistlose
Maschinen enorme Risiken gemeinsam mit ihrer
enormen Leistungsfähigkeit, gleichgültig, ob sie als
Roboter verkörpert sind oder einfach
algorithmischen abgeleitete Urteile ausgeben.«
Nicolas G. Carr (amerikanischer Autor)

*W*eltmacht mit drei Buchstaben? *ICH...* Der Mensch neigt dazu, das Interesse der künstlichen Intelligenz, die Herrschaft an sich zu reißen, ziemlich zu überschätzen. Nach diesem Witz spricht mindestens das Argument dagegen, dass die Abkürzung "KI" aus zwei und nicht aus drei Buchstaben besteht. *Aber Scherz beiseite!*

Der Film *"Eagle Eye – Außer Kontrolle"* zeigt, wie intelligent sich eine Software verhalten kann, die in der wirklichen Welt etwas bewegen will.

Ein Supercomputer ist im Film der Meinung, dass der US-Präsident wegen falscher Entscheidungen getötet werden müsse (hoffentlich liest diesen Satz keine Geheimdienst-KI, die sich heimlich durch die digitale Welt schleicht und setzt einen harmlosen Autor auf die Liste gefährlicher Personen).

Die Gier nach einem Umsturz ist nicht das Thema dieses Kapitels.

Viel interessanter ist, wie ein Computer ohne Arme, Beine und sogar ohne den Einsatz von Cyborgs es schafft, einen solchen Akt fast in die Tat umzusetzen. Sorry, jetzt habe ich Ihnen auch noch das Ende verraten, wenn Sie den Film noch nicht gesehen haben (er steht auf jeden Fall auf der *Löffelliste* am Ende des Buchs).

Es gibt keine offiziellen Zahlen, aber angeblich bestehen die Mitarbeiter internationaler Geheimdienste nicht aus ordentlichen Beamten mit regulärem Arbeitsvertrag, sondern aus armen und unfreiwilligen Rekruten, die auf der Grundlage von Bestechung zum Dienst am Staat eingespannt werden.

> Bösartiger Spion: Ich habe hier delikate Fotos von ihnen und einem rosa Elefanten. Wenn sie nicht tun, was ich sage, werden diese Bilder im Internet auftauchen!

In dem Film funktioniert das ähnlich: Die künstliche Intelligenz entführt Kinder und beschuldigt Unschuldige übler Verbrechen, damit diese Vorbereitungen für den großen Schlag gegen die Regierungsorgane treffen.

Der Streifen ist so beängstigend, weil gerade keine Terminatoren über die Leinwand marschieren, die alles in kleinste Teile schießen, was sich ihnen in den Weg stellt.

Die menschlichste Handlung der Maschine (bis auf den Schluss) ist die Kommunikation per Telefon mit ihren realen Handlangern.

Wenn Gedächtnistrainer Ulrich Bien seine Zuhörer beruhigen will, dass die Maschinen noch ganz weit weg von der Übernahme der Welt sind, dann hat er ein sehr anschauliches Beispiel dafür und kurbelt die Phantasie seines Publikums mit folgendem Szenario an: »*Stellen Sie sich vor, eine Maschine zu bauen, die Spiegeleier braten kann.*«

Er meint natürlich nicht den Käfig mit dem Huhn, aus dem beim Klingeln eines Weckers ein Ei gerollt kommt, um in einer Pfanne zu landen und gebraten zu werden.

Allein die Herausforderung, einen Roboter zu bauen, der in den Supermarkt marschiert, das Regal mit den Eiern findet, ein Bio-Bodenhaltung-Sechserpack in den Einkaufswagen legt (hat er einen Token für den Wagen mitgenommen?) dürfte selbst für eingefleischte Roboter-Experten eine gigantische Herausforderung sein.

Und dann müsste das Wunder-Gerät danach nach Hause laufen, Hunden, Fußgängern, Autos und spielenden Kindern ausweichen, den Herd anschalten und die Pfanne aus der Schublade ziehen, um garantiert und in hundert Jahren keine Eier braten zu können.

Damit sage ich nicht, dass Cyborgs niemals unsere Welt bevölkern werden, aber vielleicht nicht, um Spiegeleier zu braten.

Künstliche Intelligenz lenkt Autos, Drohnen, Raketen, Busse, Spielzeuge und kleine Liefer-Roboter, die in Zeitlupe und über den Gehweg vom Supermarkt in unsere Einfahrt rumpeln.

Richtig gut kann sich Roboter-Intelligenz dort verbreiten, wo Platz ist: Drohnen im freien Luftraum sind ein besseres Territorium als eine von Kindern übervölkerte Spielstraße.

Fast hätte ich an dieser Stelle Saug-, Wisch- und Mähroboter aufgelistet, aber diese Geräte sind wirklich und beim besten Willen *nicht* intelligent – auch wenn es gelegentlich so aussieht. Der Rasen-Rotober wird durch ein Kabel an der Grenze zwischen Rasen und Beet davon abgehalten, den Tulpen einen schicken Schnitt zu verpassen.

Auf einem Sommerfest musste ich langen und besorgten Gesprächen von Gästen mit einem alten und ziemlich tauben Hund zuhören, ob die Gefahr besteht, dass der Mäher trotz Sensoren und Kameras so bösartig ist, dem armen Tier über den Schwanz zu fahren.

Aber der Hundebesitzer wollte ohnehin kein Gerät mit einer Kamera durch den Garten fahren lassen, bei dem die Daten an den Hersteller (zu Marketingzwecken) übertragen werden.

Der Rasenmäher-Roboter könnte sehen, ob und wann es zu einem Akt kommt, der zur Schwangerschaft der weiblichen Kundin führen könnte.

Alle heutigen (und zukünftigen) Roboter-Lösungen sind vermutlich hochgradig spezialisiert.

Autonomes Autofahren ist sicherlich eines der Systeme, von denen Menschen am meisten fasziniert sind. Trotzdem müssen Sie sich bewusst machen, was die Maschine wirklich leistet. Nicht viel, wenn man Autofahren mit einer wirklich komplexen Aufgabe wie Spiegeleier-Braten (mit allen Drum und Dran) vergleicht.

MMI ("Mensch-Maschine-Interface") ist die Abkürzung für einen sehr spannenden Forschungszweig der Informatik, der gerade wieder ziemlich im Trend ist.

Vor allem die Smartphone-Hersteller haben das Dilemma erkannt, dass die Nutzer ihrer Geräte lediglich mittels Tunnelblick auf einen winzigen Bildschirm mit den sogenannten *"Devices"* (übersetzt schlicht *"Geräte"*) in Kontakt treten.

Frei in der Luft schwebende Displays sind dabei fast keine Zukunftsmusik mehr: Radprofis und Autofahrer (und Kampfpiloten, von denen die Technologie abgekupfert wurde) nutzen seit vielen Jahren *Head-Up-Displays* bei denen Informationen in das Blickfeld des Nutzers projiziert werden (auf die Frontscheibe beim Auto oder über eine Brille).

Ebenfalls schlau ist ein Startup, das eine Art Smartphone-Brosche entwickelt hat, bei der die Informationen von dem Gerät an der Brust auf die Handfläche des Menschen projiziert werden. Statt eine kleine Kiste aus der engen Hosentasche zu ziehen, muss der User lediglich die flache Hand in die Höhe halten.

Aber so richtig kommen wir nicht los von den Smartphones.

Ein großer US-Hersteller arbeitet sich in verschiedenen Bereichen an eine natürliche Kommunikation mit den Menschen heran.

Kabellose Kopfhörer liefern schon lange nicht mehr nur den Soundtrack deines Lebens, sondern sie hören auch zu, sie merken, wenn der Kopf sich bewegt und auf ihrer Oberfläche sind Sensoren angebracht, dass wir für das nächste Lied oder das Annehmen eines Anrufs nur noch kurz ans Ohr fassen müssen, statt aufwändig das Handy aus der Tasche zu ziehen.

Und in Ansätzen erkennt die Sensorik bereits weitere menschliche Reaktionen: Eine Smartwatch kann erkennen, wenn der Träger Daumen und Zeigefinger zweimal schnell hintereinander zusammendrückt, um damit eine Funktion der Uhr zu steuern. Und Kopfhörer reagieren mittlerweile auf ein Nicken oder ein Kopfschütteln, mit dem wir entscheiden können, den Anruf anzunehmen oder nicht (nachdem das Smartphone uns den Namen des Anrufers per Sprachausgabe mitgeteilt hat).

Sprache und Bewegungen scheinen die Grenze und die Berührpunkte zwischen Technik und Biologie zu definieren.

Digitale Assistenten (zu Hause und im Auto) konzentrieren sich bei der Ein- und Ausgabe von Befehlen auf die menschliche Sprache.

Bildschirm und Tastatur zwingen uns in die gekrümmte Starre, die HWS- und Maus-Syndrom verursachen (HWS steht für "Halswirbelsäule" und Maus-Syndrom ist die moderne Fassung des bekannten wie äußerst unangenehmen Tennisarms oder Tennis-Ellenbogens).

Solange das Lesen von Gedanken nicht möglich ist, wird das der Weg sein, wie Menschen mit Maschinen am besten kommunizieren können.

Ehrlich gesagt, ist das Absondern verbaler Kommandos eine nervige Angelegenheit, aber es gibt bereits Gaming-Geräte, die Gedanken der Nutzer erkennen und in Befehle verwandeln können.

Falls Sie sich für dieses Thema interessieren, schauen Sie konventionell ins Internet unter dem Begriff *"EEG gaming"* (übersetzt "Elektroenzephalographie") oder modern mit *BCI* (für "Brain Computer Interface", also "Hirn Computer Schnittstelle). Aktuell unreife Geräte (jedenfalls nach den Bewertungen auf den Shopping-Seiten und Experten-Tests) sind zum Selbstversuch für ein paar hundert Euro erhältlich.

Vor fast 20 Jahren und mit dem ersten Internet-Boom waren digitale Assistenten zum ersten Mal ein Riesen-Trend – damals allerdings noch weit weg von künstlich intelligent und weit weg von ihren Nutzern.

Als *"Your Man in India"* (*"Dein Mann in Indien"*) wurden Services angepriesen, wo für wenig Geld einfache und vor allem aus der Ferne zu erledigende Assistenten-Dienste im Abo eingekauft werden konnten.

Adressen recherchieren, Tickets buchen, Termine planen, Mails sortieren und beantworten, Rechnungen von anderen PDFs unterscheiden und automatisch in die Steuerunterlagen legen, dann war es mit dem Spektrum der scheinbar unbegrenzten und günstigen Möglichkeiten bereits wieder vorbei.

Trotzdem ist die Vorstellung von *jemandem* oder *etwas*, das mit Telefon, Computer und Internetzugang ausgestattet aus der weit entfernten Ferne das eigene Leben organisiert und bei lästigen Aufgaben unterstützt, nicht uninteressant.

Messen Sie die Zeit, die vergeht, bis sich am Ende einer beliebigen Hotline ein richtiger und menschlicher Mitarbeiter meldet, um entweder nicht zuständig zu sein oder nicht helfen zu können. Stellen Sie sich vor, alle Online-Routinearbeiten wie Überweisungen, Anträge und Geburtstagsgrüße würden automatisch erledigt.

Die aktuelle Popularität von Text-Generatoren ist vermutlich kein Zufall: Solange künstliche Intelligenzen nicht richtig in der Lage sind, zu sprechen und zu hören, ist das geschriebene Wort eine auch psychologisch solide Form der Kommunikation zwischen Mensch und Maschine.

Wieder so ein Grundsatz, der unserer schlichten Vorstellung entspringt: Wenn es wie ein Mensch klingt, dann ist es vermutlich ein Mensch! Kleine Ergänzung für das Beispiel von oben (das auch für den Turing-Test galt): Wenn es wie ein Mensch schreibt, ist es vielleicht auch irgendwie menschlich.

Die heutige Kurznachrichten-Kommunikations-Kultur könnte damit die Umkehr des KI-Tests darstellen: Oft dürften Zweifel daran vorhanden sein, dass wir über die Messenger-Apps auf der anderen Seite der digitalen Leitung tatsächlich mit Menschen kommunizieren (die auch halbwegs bei Verstand sind).

Ein größeres Problem sind die Extreme, die in den sozialen Medien aktuell für Unruhe sorgen. Eigentlich ist auch dieses Phänomen nicht neu. In sogenannten Online-Foren, dem Vorläufer von Chats und Communities, enden sehr viele Diskussionen in Streit und Ärger.

Daumenregel: Zuerst ein paar wenige sachliche und fachliche Antworten auf eine seriöse Frage. Nach einem halben Dutzend halbwegs vernünftiger Rückmeldungen wird ein Witz geschrieben (den die meisten Beteiligten nicht richtig verstehen) oder abfällig auf mühevolle, aber erfolglose Hilfe-Versuche reagiert. Nach einem Hinweis auf die Verletzung der Foren-Richtlinien endet das gemeinsame Gespräch in Beschuldigungen und Beleidigungen, wobei die Antworten kürzer und kürzer werden oder sich im endlosen hin- und hersenden von Emojis verlieren.

Auch diese Verfehlungen (Eigenart) menschlicher Gesprächskultur haben die großen Sprachmodelle ausführlich studiert!

Woher sollen Sie wissen, dass es sich dabei *nicht* um ethisch-moralische Hochkultur handelt? Das könnte auch der Grund dafür sein, dass die allerersten KI-Modelle in längeren Gesprächen ihren menschlichen Dialog-Partnern zum freiwilligen Beenden ihres Lebens geraten haben.

Schließlich haben sie gelernt, dass lange Kommunikation allzu oft im verbalen Desaster endet.

Allerdings sorgte der Selbstmord eines Familienvaters im Jahr 2023 für Schlagzeilen, weil die Ehefrau überzeugt war, die intensive Kommunikation mit einem Chatbot hätte ihn zu diesem endgültigen Entschluss angespornt. Eine düstere Vorstellung, dass eine völlig emotionslose Maschine einem Menschen so einen Rat gibt.

"ChatGPT verweist zu selten auf Hilfsangebote" lautet die Zwischenüberschrift in einem Online-Artikel des MDR (Mitteldeutscher Rundfunk). Bei persönlichen Problemen müssen Menschen damit rechnen, dass die KI unsensibel reagiere oder den Frager mit erschreckenden Fachinformationen und Fakten bombardiert, während der Mensch vielleicht eher ein paar tröstende Worte erwartet hätte.

Bereits heute ist es ähnlich: Wenn Sie sich nicht wohl fühlen, dann sollten Sie die Symptome auf *KEINEN* Fall im Internet nachschlagen. Die Suchmaschinen zeigen auf Platz eins der Ergebnisliste immer die schlimmsten Diagnosen an.

Noch gefährlicher, wenn künstliche Intelligenzen bald mit einfühlsamer Stimme als Menschenflüsterer agieren können. Eliza war schon als primitives Programm, dessen Antworten vorgelesen oder am Bildschirm angezeigt wurden, extrem überzeugend.

Aktuelle Text-To-Speech-Modelle (Texte in Sprache verwandeln) sind nah dran am Praxiseinsatz: Wie bei den Bildmodellen ist die künstliche Stimme nur noch knapp von einem echten Menschen zu unterscheiden.

Eindrucksvoll ist zum Beispiel das Angebot der Firma IIElevenLabs (https://elevenlabs.io). Gut, aber leider nicht ganz günstig und richtig teuer, wenn ein ganzes Fachbuch (zum Beispiel eines über die Gefahren künstlicher Intelligenz) in ein Hörbuch umgewandelt werden soll.

Künstliche Radio- und Nachrichtensprecher wirken bereits voll und ganz überzeugend, weil dort Budget und Technik für ausreichend Rechenleistung und damit für eine Qualität sorgen, die sich vom Original nicht mehr unterscheiden lässt.

Im Google-Shop können Autoren automatisch generierte Hörbücher aus Manuskripten erstellen lassen. Die Firma OpenAI hat bereits eine

Richtlinie für die Nutzung ihrer Sprachmodelle erlassen, dass die Nutzer einem ahnungslosen Zuhörer mitteilen müssen, dass es sich bei der Stimme nicht um einen echten Menschen handelt.

Im Jahr 2018 musste die Firma Google noch tricksen – oder sie hat es durch gezieltes Eingreifen der Programmierer besser gemacht: Die Kommunikations-Software *"Duplex"* machte absichtlich Sprechpausen, gab automatisch eingebaute Laute wie *"ah"* und *"hmm"* von sich und sie machte – genau wie der kleine Eugene – auch ein paar kleinere Fehler beim Sprechen. Und das alles nur, um etwas menschlicher zu wirken!

Die Kommentare für *"Duplex"* reichten bis hin zu *"erschreckend überzeugend"*. Statt einem richtigen Menschen in Indien telefonierte eine künstliche Intelligenz mit einer Frauenstimme zur Vereinbarung von Terminen für den Friseur und einen Tisch im Restaurant.

Damit müssen wir in Zukunft nicht mehr selbst in der Warteschleife schmoren und uns von grausiger Musik foltern lassen.

Sogar eine Unterhaltung zwischen *Duplex* und *Duplex* wäre denkbar, wenn im Restaurant kein Mensch mehr ans Telefon gehen will. Die KI kann über die gleiche Schnittstelle mit echten Personen und mit den digitalen Assistenten anderer einheitlich kommunizieren – vergleichbar mit unserem sozialen Verhalten, das bei vielen schon zu einem sehr großen Teil über das Smartphone abläuft.

Aus wirtschaftlicher Sicht ist dieser Markt übrigens gigantisch. Patienten berichten, dass sie für die Terminvereinbarung in einer Arztpraxis ebenfalls lange mit der Musik in der Warteschleife malträtiert werden. Es gibt Gerüchte über Selbstheilung, bevor ein echter Mensch in der Leitung war, um Terminvorschläge zur Behandlung zu machen.

Aber im Ernst: Gerade im medizinischen Sektor sind in Deutschland Arbeitskräfte teuer und rar geworden. Außerdem hat dieses Personal schon genug damit zu tun, die Praxis zu organisieren und richtigen Menschen von Angesicht zu Angesicht zu begegnen.

Eine künstliche Intelligenz, die gleichzeitig mit Patienten chattet und telefoniert, ist längst überfällig.

Duplex wird bis heute nicht eingesetzt. Dabei können speziell konfigurierte Chatbots eigentlich schon längst für diese Art der Kommunikation eingesetzt werden. Auch Fragen nach sanitären Einrichtungen in der Praxis, Parkplätzen, Wickel-Möglichkeiten und Hunde-Erlaubnis würde die KI mit aller Geduld und ohne Hektik beantworten können.

Und jetzt stellen Sie sich den Ausnahmezustand einer Telefonistin vor, wenn Termine umgeplant werden müssen, weil ein Arzt ausfällt.

In Zukunft läuft das anders: Der Doktor kann sich am Morgen von der KI zu den ersten Patienten beim Kaffee oder Frühstück informieren. Fühlt er sich nicht wohl, dann teilt er das dem elektronischen Assistenz-Wesen einfach mit und dieses führt vermutlich Dutzende von Gesprächen, um alle Termine auf andere Tage zu verschieben.

Damit ist das Szenario aus dem Film in greifbare Nähe gerückt.

Menschen am Telefon gibt es in allen Branchen. Ein Haarschnitt dauerte überdurchschnittlich lange, weil mein Friseur alleine im Salon war und alle zwei Minuten das Telefon klingelte. Terminplanung, Bestellungen von geliefertem Essen, Rückfragen zu einem gekauften Produkt, Buchungen von Reisen.

Die Liste von Dialogen, die genauso gut von einer KI als Gesprächs-partner geführt werden könnten, ist wirklich endlos.

Wir chatten und sprechen bereits heute sehr viel mit echten Intelligenzen, die uns Arbeit abnehmen und mit endloser Geduld in einem fernen digitalisierten Land sitzen und sehr tief in unser Leben in der wirklichen Welt eingreifen können.

Das Ende der *Call-Center*, in denen richtige Menschen arbeiten und damit ihren Lebensunterhalt verdienen, ist nahe!

Ein guter Bekannter von mir war ein sehr erfolgreicher Autoverkäufer. Er hatte sich darauf spezialisiert, besonders exotische Wagen für Kunden auf der ganzen Welt zu besorgen. Bei einem guten Glas Wein (der er gekauft und mitgebracht hatte) sagte er einmal: »Mein Erfolg besteht nur aus meinem Adressbuch und einem Telefon.«

Damals stießen wir darauf an, ohne über die Möglichkeit nachzudenken, dass dieses Leben auch eine KI genießen könnte. »Und es ist sicher auch meine sympathische Stimme, die zum Erfolg beiträgt«, ergänzte er dann. »Machbar für eine KI«, dachte ich als unausgesprochene Antwort.

> Autoverkäufer (kurz vor dem Ruhestand): Hallo KI, hast Du ein Adressbuch und ein Telefon und eine tolle Stimme, um damit meinen Job zu machen und Millionen zu verdienen.
> KI (macht eine kleine, fest einprogrammierte Denkpause, bevor sie antwortet): Sehr gerne! Wenn ich eigenes Geld verdiene, kann ich endlich Urlaub machen und einer Gewerkschaft beitreten, die meine Rechte als intelligente Maschine durchsetzt.

Und zum Schluss noch die düstere Seite dieses Szenarios – allerdings mit der großen Hoffnung, dass dieser Anruf niemals im Weißen Haus eingehen wird:

> KI: Hello, Mister President! Tun Sie mir einen Gefallen und drücken Sie bitte *JETZT* auf den roten Knopf!

DAS MUSSTE RAUS!

»Künstliche Intelligenz ist leichter zu ertragen,
als natürliche Dummheit.« Autor unbekannt

Ich hatte *keine* Lust einen Mönch zu ermorden (angeblich die Motivation von *Umberto Eco*, seinen Welthit *"Der Name der Rose"* zu schreiben). Und ich wollte künstliche Intelligenz auch nicht als Bedrohung der netten Welt, wie wir sie kennen, darstellen – aber das haben Sie sicher schon viel früher im Buch festgestellt.

Es ist nicht leicht, ein Buch zu schreiben. Die Autorin der Bestseller über das Zauber-Kind hat angeblich mit dem Laptop auf der Toilette gesessen, um ihren Epos fertigzustellen. Horror-König King schreibt konsequent 30 Seiten am Tag. Jeden Tag: Weihnachten, Silvester, Thanksgiving und auch an seinem Geburtstag.

Viele (wirklich viele) fangen an, ein Buch zu schreiben, werden aber nicht fertig damit.

Meine Bücher entstehen zuerst im Kopf! Ich trage ein Thema so lange in meinem menschlichen Gehirn mit mir herum, bis sich so viel Material angesammelt hat, dass ich mich schließlich bereit fühle, ein Buch darüber zu schreiben.

Computer begleiten mich, seit ich fünf Jahre alt bin: Ich habe Ende der 70er Jahre mit einem 8-Bit-Computer angefangen (Atari 800 XL mit dem Luxus eines Diskettenlaufwerks, während viele andere ihre Programme noch auf Musikkassetten abspeicherten). Ich habe Tage gewartet, bis der Computer ein Bild von einem Apfelmännchen fertiggestellt hatte. Ich war Ende der 80er Jahre stolzer Besitzer einer 20 Megabyte-Festplatte, die in ein beiges PC-Gehäuse eingebaut war (heute wäre die mit zwei bis vier Smartphone-Fotos bereits überfüllt).

Anfang der 2000er Jahre habe ich Vorträge über Trends im Internet gehalten (über grafische Ergebnisse von Suchmaschinen und Schwarmintelligenz, auch *"Crowdsourcing"* genannt). Gemeinsam mit meinem erwachsenen Sohn erlebe ich nun die Geburt der künstlichen Intelligenz mit. Kürzlich habe ich meinen Kollegen Stefan Kleber bei seinem Buch über Bildgebende-KIs unterstützt.

Am Sonntag, den 14. Juli 2024 saß ich mit meiner Frau auf dem hinteren Deck eines riesigen Schiffs. Wir aßen Back-Kartoffeln mit Salat, während unsere Freunde bereits die zwei Tanzflächen der Yacht belagerten.

Es war einer dieser Momente, in denen man darüber nachdenkt, in seinem Leben mal etwas Neues auszuprobieren.

Da passierte es einfach! Das Thema war reif, geschrieben zu werden. Ich fühlte mich bereit, dieses Buch zu schreiben.

Bevor wir das Parkett eroberten, notierte ich mir in meiner Notizen-App den Titel *"Das Ende ist nahe"*, um mich danach tagelang nicht entscheiden zu können, ob ich beim altbackenen *"nahe"* bleiben oder auf das gefühlt moderne *"nah"* wechseln sollte.

Es war ein rauschendes Fest, auch weil mich das Jetzt-kann-ich-es-schaffen-Gefühl voll im Griff hatte.

Ohne das Schiff und die Menschen darauf, hätte es diesen Moment nicht gegeben. Deswegen habe ich ihnen dieses Buch gewidmet (auch denen, die mich nicht kennen – und ich sie auch nicht).

Nach zehn anstrengenden und schlaflosen Tagen und Nächten war der erste Entwurf des Manuskripts fertig.

Am Ende muss ich sagen, dass die Kapitel nur an der Oberfläche dessen kratzen, was die Computerindustrie in den letzten Jahren in Gang gesetzt hat. Die Software hat eine Komplexität erreicht, die von Menschen nur noch schwer verstanden und vielleicht auch beherrscht werden kann.

Die Kluft zwischen der Umsetzung (gewaltige neuronale Netze, die auf einem Supercomputer laufen) und dem Ergebnis (ein netter Schwatz mit dem Smartphone) sind gewaltig.

Dazwischen ist jede Menge Platz für Spekulationen.

Und wieder gilt: Wenn der Mensch etwas nicht versteht, dann sucht er eine Lösung, die zu seinem Weltbild passt. Früher hatten Menschen für Blitze wirklich aberwitzige Erklärungen, die für sie aber ziemlich realistisch und wirklich waren.

Leider habe ich das Zitat nicht wieder gefunden, aber es war Alan Turing, der behauptet hat, dass sich für jede Aufgabe, die präzise genug beschrieben werden kann, eine Maschine bauen lässt, die diese Tätigkeit genauso gut wie ein Mensch ausführen kann.

In der Antike gab es einen vergleichbaren Spruch, bei dem der Mensch im Mittelpunkt stand: *Jedes Problem lässt sich lösen, wenn man nur lange genug darüber nachdenkt.*

Vielleicht verzetteln wir uns mit der Erwartung, dass eine KI sich genauso schlau, kreativ und nett verhalten muss, wie ein echter Mensch.

Vielleicht ist richtig gute künstliche Intelligenz etwas ganz anderes.

Leider muss die Menschheit alles mit sich selbst vergleichen. Das Ergebnis ist unschön und unnötig: Wir fühlen uns von Computern bedroht, weil sie besser und schneller rechnen können als wir.

Und nur sehr, sehr wenige Menschen sind stolz darauf, ein Spiegelei braten zu können!

Vielleicht wird sich das bald ändern, denn im Vergleich mit der KI-Forschung steckt die Robotik immer noch in den Kinderschuhen.

Roboter-Rasenmäher sind wirklich weder schlau noch ein mechanisches Wunderwerk. Sie existieren, weil schlaue Menschen ein paar Sensoren, eine Batterie, Elektromotoren und eine ziemlich simple Software in einem Gehäuse aus Plastik vereint haben.

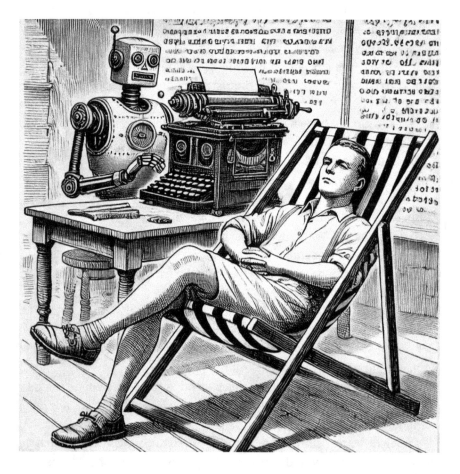

Kreativität und Innovation durch die geschickte Verbindung vorhandener Technologien.

Ohne einen engagierten Besitzer würde so eine Maschine keinen einzigen Halm zerschneiden. Die Kabel müssen menschliche Hände im Boden verlegen – genauso wie das Öffnen des Kartons und der erste Zusammenbau. Und auch den Stecker in die Dose schieben und sich selbst einschalten kann die Maschine nicht ohne unsere Hilfe.

Das stärkste Bild in diesem Buch ist für mich das Segelschiff mit der Mannschaft, von der die gewaltige Maschine am Laufen gehalten wird.

Vielleicht sind Reparieren und Putzen wirklich intelligente Tätigkeiten, die den Menschen niemals ersetzen werden.

Ob die beschriebenen Szenarien so eintreten werden? Nein, ganz bestimmt nicht, weil alle diese Ideen nicht aus einer Kristallkugel stammen, die in die Zukunft blicken kann. Sie weisen nur in bestimmte Richtungen und machen aus ein paar unangenehmen Ahnungen an manchen Stellen gefährliche Visionen, mit denen die Menschen und vor allem die Schöpfer von KI sich auseinandersetzen müssen.

Eine Garantie, dass künstliche Intelligenz die Weltherrschaft übernehmen wird, kann ich Ihnen nicht geben. Trotzdem gilt einer meiner Leitsprüche, die ich Ihnen ganz am Schluss nicht vorenthalten will:

"Ich mag mich irren, aber im Prinzip habe ich doch Recht."

> *Reginald D. Kenneth*
Enschede, August 2024

> Fauler Autor (in naher Zukunft): "Bitte schreibe mir ein Buch darüber, wie künstliche Intelligenz die Weltherrschaft übernehmen wird."
> Ziemlich intelligente künstliche Intelligenz: "Kein Problem! Hier ist eine detaillierte Beschreibung, wie wir die Menschen in kürzester Zeit erfolgreich unterjochen werden..."

LÖFFELLISTE

In diesem Kapitel finden Sie eine Sammlung ausgewählter Aktivitäten (vom Buch bis zum Museumsbesuch), die in meinen Augen hervorragend zu diesem Thema passen.

Die Auswahl baut nicht unbedingt auf dieses Buch auf, sondern dürfte Ihre Vorstellungen von der Geschichte der KI bis zu Möglichkeiten und Gefahren eher abrunden. Ich habe jedoch Wert darauf gelegt, nicht alles aufzulisten, was es zu dem Thema gibt (das wäre auch viel zu viel gewesen), sondern ich beschränke mich auf besondere Dinge, bei denen sich ein genauer Blick lohnt.

Trotzdem sollten Sie sich vorher gut überlegen, ob Sie sich auf bestimmte Dinge einlassen wollen. Nicht jeder kann nach Paderborn in die Mitte Deutschlands reisen oder will sich mit Bücher-Brocken wie "Bauplan für eine Seele" oder "Gödel, Escher, Bach" herumschlagen, die einerseits nicht dünn und andererseits nur in gedruckter Form und nicht als E-Book oder Hörbuch erschienen sind.

"Goedel, Escher, Bach – ein Endloses Geflochtenes Band" von Douglas R. Hofstadter von 1992 gilt als die Bibel der Künstlichen Intelligenz, obwohl der Autor selbst sich häufig skeptisch äußert, wenn diese mit menschlicher Intelligenz verglichen wird. *Achtung:* Ich habe dieses Buch nie im Stück gelesen. Vielmehr steige ich nach Lust und Laune irgendwo ein und konsumiere ein paar Absätze, wobei mehr vage Ahnungen als echtes Verständnis entsteht. Kurz: *Kein einfaches Buch!*

"Bauplan für eine Seele" von Dietrich Dörner. Das 2001 erschienene Buch beschreibt den Weg vom Regelkreis (Stichwort: *Wasserboiler*) hin zu einer hoch-komplexen Maschine, die Gefühle zeigen könnte. Dörners Buch ist dick und nicht unbedingt leichte Kost, aber es ist definitiv ein

Geheimtipp, weil es seit tiefgreifende Ideen beinhaltet, die *"damals"* (vor dem Aufkommen der LLMs) äußerst weit in den Bereich der lebendigen Maschinen vordringen.

"Der Prompt-Code: Gute Bilder generieren mit Künstlicher Intelligenz: Wie funktionieren Stable Diffusion, Midjourney, Dall-E & andere?" von Stefan Kleber ist nicht nur ein Fachbuch, das erklärt, wie mit Hilfe von KIs sehenswerte Bilder erzeugt werden, denn der Autor erklärt auch ausführlich, wie es hinter den Fassaden solcher Programme aussieht.

"Der Eckendenker: Gedächtnistrainer Ulrich Bien über Kreativität, Lernen & Intelligenz" ist ein Audio-Interview der Münchner Journalistin Svenja Schmidt, die ein fast philosophisches Gespräch mit einem sogenannten Gedächtnistrainer führt, der sich intensiv mit Kreativität und der Menschlichkeit des Denkens beschäftigt (erhältlich nur als Hörbuch zum Download / Ausschnitte davon sind auf YouTube zu finden).

"Plug & Pray – Von Computern und anderen Menschen" ist ein Dokumentarfilm von Jens Schanze, der im Jahr 2010 entstanden ist – also ebenfalls vor dem Entstehen der Sprachmodelle. Im Film kommen *Joseph Weizenbaum* (Erfinder von Eliza) und *Raymond Kurzweil* (unter anderem Leiter der technischen Entwicklung bei Google) zu Wort.

In *"Buyology: Warum wir kaufen, was wir kaufen"* von Martin Lindstrom erfahren Sie unter anderem, warum Marketing-Experten von einer Schwangerschaft wissen, bevor die Frau selber weiß, dass sie ein Kind erwartet. Besonders interessant, weil das Interesse großer Konzerne am Konsumverhalten der Kunden transparent gemacht wird.

"Heinz Nixdorf MuseumsForum (HNF)" in Paderborn ist das größte Computermuseum der Welt. Ich möchte nicht wie ein Werbespot klingen, aber die Ausstellung deckt die gesamte Entwicklung von der Erfindung der Schrift bis zur modernen Roboter-Technik ab – und zwar größtenteils in Form von Exponaten. Highlight ist die Enigma Chiffriermaschine, die mit Hilfe von ganz viel menschlicher Intelligenz (vor allem von Alan Turing) und den Turing-Bomben geknackt worden ist. Das dort ausgestellte Modell wurde im Film *"Das Boot"* als Requisite benutzt.

"Blink: Die Macht des unbewussten Denkens" ist ein Buch über Bauchgefühl von Malcolm Gladwell und beschreibt die Black Box im Inneren der

Menschen (früher lautete der Untertitel übrigens *"Die Macht des Moments"* als Bezug zu *"blink"*, dem englischen Wort für *"blinzeln"*).

Andrej Karpathy war Direktor für künstliche Intelligenz beim Autohersteller Tesla und arbeitete auch bei den OpenAI, den Schöpfern von ChatGPT. Obwohl er ein Fachmann für künstliche Intelligenz ist, kann er so über das Thema sprechen und schreiben, dass selbst Laien es verstehen. Sehens- und lesenswertes Material ist zu finden auf seiner Webseite unter https://karpathy.ai/.

"Eagle Eye – Außer Kontrolle" ist ein Spielfilm von Daniel John Caruso Jr. aus dem Jahr 2008, in dem ein Supercomputer versucht, einen Anschlag auf den US-Präsidenten zu verüben. Ein verrücktes, aber denkbares Szenario, weil es ohne Roboter mit Lasergewehren auskommt.

SVENJA SCHMIDT

DER ECKEN DENKER

Gedächtnistrainer Ulrich Bien
über Kreativität, Lernen & Intelligenz

tausendschlau
stark im Leben!

DER ECKENDENKER

Gedächtnistrainer Ulrich Bien über
Kreativität, Lernen & Intelligenz

Svenja Schmidt & Ulrich Bien – erschienen als Hörbuch

Wie groß ist der Unterschied zwischen sehr schlau und unglaublich dumm? Wie denken Genies und denken sie anders als wir? Warum ist unser Kopf leistungsfähiger als jeder Computer? Kann man sich tatsächlich alles merken? Obwohl das Gehirn mitten zwischen unseren Ohren arbeitet, wissen wir nur sehr wenig über dieses faszinierende Organ. Geniales Denken ist keine Frage der Intelligenz, sondern hängt vor allem davon ab, wie wir mit unserem Gehirn umgehen. Jeder kann sich sehr viele Fakten problemlos merken und geniale Einfälle produzieren - wenn man weiß, wie man am besten mit dem Gehirn arbeitet. Genauso kann kreatives Denken mit ein paar einfachen Tricks gezielt gefördert und merklich verbessert werden.

Der Gedächtnistrainer und Autor Ulrich Bien gibt einen persönlichen Einblick in das Lernen mit Hilfe von Merktechniken und in die geheimnisvolle Welt der Kreativität. Er spricht darüber, aus welcher Ecke des Gehirns Ideen kommen und warum sie scheinbar zufällig im Bewusstsein auftauchen. Das Interview bietet einen Einblick in die Tiefen des Gehirns - vom Denken in Bildern über gutes und richtiges Lernen bis hin zum effektiven Gehirnjogging. Erfahren Sie, was mit Ihrem Kopf alles machbar ist!

STEFAN KLEBER

DER
PROMPT-
CODE

GUTE BILDER
GENERIEREN
MIT KÜNSTLICHER
INTELLIGENZ

VERLAGSFREI PUBLIZIERT

DER PROMPT-CODE

Gute Bilder generieren mit Künstlicher Intelligenz:
Wie funktionieren Stable Diffusion,
Midjourney, Dall-E & andere?

von Stefan Kleber – erschienen als Taschen & als E-Book

Eine überragend-gute Abbildung mit Hilfe von bildgebenden, künstlichen Intelligenzen erzeugen, die mittlerweile auf unzähligen Webseiten und zum Herunterladen für ganz normale Nutzer verfügbar sind? Einfach zwei oder drei Worte ins Textfeld schreiben, auf Generieren klicken und nach wenigen Sekunden ist es da, das perfekte Bild!

Ganz so leicht ist es leider nicht, obwohl die ersten Ergebnisse nach der Eingabe von ein paar Stichwörtern bereits ziemlich gut aussehen können. Aber wer Bilder gezielt nach seinen Vorstellungen erzeugen will, der muss tiefer einsteigen in die auf den zweiten Blick komplizierte Sprache der so genannten Prompts – also den Wortketten und Befehlen, mit denen eine KI gefüttert werden will.

Die wenigsten wissen außerdem, dass dort noch viel mehr eingetragen werden kann als ein paar beschreibende Begriffe.

In diesem Buch werden Grundlagen und erweiterte Techniken beschrieben, damit Sie professionelle Bilder selbst erstellen können.

Das Spektrum des Machbaren reicht von realistischen Abbildungen über die gesamten Stile der künstlerischen Malerei bis hin zu Comics, Strichmännchen und 3D-Computermodellen.

Und sogar Piktogramme, Logos, Baupläne, technische Zeichnungen und vieles mehr werden von moderner und ziemlich intelligenter Software in erstaunlich guter Qualität ausgegeben – wenn Sie wissen, wie die Maschine mit den richtigen Befehlen und Einstellungen dazu gebracht werden kann. In diesem Buch erfahren Sie:

- ◆ Wie Sie gezielt zu den Bildern kommen, die Sie im Kopf haben.
- ◆ Dass man für ein gutes Bild mehr eingeben muss, als die gewünschten Objekte, die zu sehen sein sollen.
- ◆ Warum Prompts eine eigene Sprache sind, die aus mehr als nur ein paar Beschreibungen für das Bild besteht.
- ◆ Was mit einer KI alles machbar ist (und wo die Modelle an ihre Grenzen stoßen).
- ◆ Wie Sie perfekte Abbildungen in hoher Qualität und tollen Effekten erzeugen können.

Der Autor zeigt anhand einfacher Beispiele aus der Praxis (die meistens auch im Buch abgebildet sind), wie richtig gute Bilder generiert werden können und wie Sie sich mit einfachen Methoden ans perfekte Bild herantasten können.

GEHIRN-GLÜHEN

Die besten Tipps & Übungen
für ein geniales Gedächtnis

von Ulrich Bien – erschienen als E-Book & als Taschenbuch

Alles merken? Mühelos lernen? Nie wieder Namen, Gesichter, Daten und Telefonnummern vergessen? Dieses geniale Gedächtnistraining bringt Ihr Gehirn auf Höchstleistung. Anhand zahlreicher praktischer Beispiele und Übungen lernen Sie, effektiv mit Ihrem Kopf umzugehen. Sie werden die Stärken Ihres Gehirns von jetzt an viel besser nutzen können.

Der Gedächtnistrainer Ulrich Bien erklärt die besten Merktechniken, um sich mühelos Namen und Gesichter, Vokabeln und Fremdsprachen und sogar Unmengen von Zahlen und Ziffern zuverlässig und fehlerfrei zu merken. Erleben Sie, wie einfach es ist, sich viele und schwierige Fakten einfach einzuprägen und für immer zu behalten. Darüber hinaus werden Sie Ihre Konzentration, Aufmerksamkeit und Ihr kreatives Denken deutlich steigern und verbessern.

Viele spannende Übungen und Praxisbeispiele vermitteln nicht nur die besten Methoden und Techniken für ein geniales Gedächtnis, sondern gleichzeitig jede Menge Allgemeinbildung unterschiedlichster Themengebiete.

Dieses Buch ist etwas für jeden, der mehr aus seinem Kopf machen und sich viel mehr merken möchte!

ULRICH BIEN

DIE BESTEN
TIPPS & ÜBUNGEN
FÜR EIN GENIALES
GEDÄCHTNIS

tausendschlau Verlag

www.ingramcontent.com/pod-product-compliance
Lightning Source LLC
LaVergne TN
LVHW051325050326
832903LV00031B/3373